凝煉知識品味閱讀

圖解系列

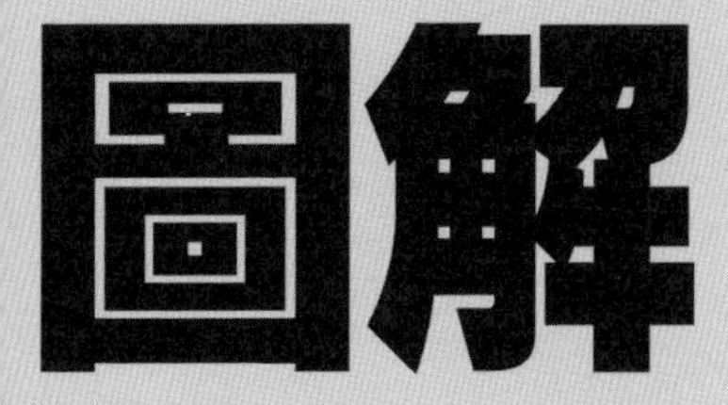

五南圖書出版公司 印行

# 個別諮商

邱珍琬／著

閱讀文字
理解內容
觀看圖表
圖解讓個別諮商更簡單

# PREFACE

# 序言

「個別諮商」是培育諮商師與輔導教師重要的課程之一，學生在修習輔導原理、諮商理論與技術、助人歷程與技巧之後，就會針對如何進行不同學派的諮商過程做更進一步的認識與練習，因為個別諮商是團體諮商與家庭諮商等助人形式的基礎，因此更顯現其重要性。

本書從諮商架構開始，簡單介紹一般的諮商流程，接著述及諮商師的核心理論與其重要性，然後就從初次晤談、個案概念化、擬定處遇計畫做闡述，接下來就諮商過程做介紹，提到諮商歷程中的重要議題和治療關係的重要事項，以及何時結案、結束諮商，此外以若干篇幅將基本諮商技術、特殊取向諮商技術做簡要介紹，之後將幾個常見議題及注意事項做說明，最後以諮商師的覺察與反思作結。希望這樣的安排符合諮商學習者的需求。

儘管每位諮商師教育者對於個別諮商的進行方式或內容或有不同，但其目的則一致，就是要讓學生在進入進階助人型態（團體諮商與家庭諮商）之前，將一對一的基本諮商模式操練成熟，接下來同時面對更多人數的當事人，自然可以得心應手。本書在思考大綱之前，作者詢問了兩位同仁——王大維與洪菁惠老師——他們認為個別諮商應該要含括的內容為何？感謝同仁慷慨提供意見，協助我撰寫此書。

CONTENTS 目錄

序言

# 單元 1 諮商架構

當事人進入諮商室，諮商師會如何做？通常是從「初次晤談」(intake) 開始，也開始建立與當事人的治療關係，接著釐清當事人來諮商之目標，並與當事人共同設定可達成的適切目標，接著諮商師會就當事人所提供的資料，以及諮商師收集到的相關資料（或許包含當事人的醫療史、家庭背景、諮商經驗、相關測驗結果等）與欲達成之目標，做暫時的「個案概念化」。若是需要諮詢其他人（如家長、醫師或其他人員），也一併在資料收集時做處理，倘若還需要其他專業人員的協助與合作（如社工、精神科醫師、一般醫師），則同時可做轉介動作或諮詢。有時候諮商師自認為能力或經驗不足，或是需要其他人意見，也可以諮詢督導或做轉介，接著就正式進行諮商。在當事人的功能增進，或是情緒緩解後（達到當時共同設定的目標時），就可以做結案動作，最後則是做追蹤或後續輔導。

一般的諮商流程，通常是由諮商師與當事人做初步寒暄，詢問當事人想要談論的議題或解決的問題為何？然後諮商師就會請當事人說明事件經過，當事人曾經努力解決的方式與效果如何？在這個過程中，諮商師會仔細地聆聽、盡量不插嘴，只詢問一些必要的問題或釐清一些事實，讓當事人能夠敘述得很完整。在整個收集資料的過程中，諮商師會很仔細地觀察當事人的行為舉止、表情，以及與其所敘說內容的一致性。有時候當事人很焦慮，諮商師要讓他／她能夠緩和情緒或穩定下來，如果當事人很激動，諮商師也會耐心平靜地陪伴、不打岔，讓出空間與時間，使當事人能夠盡量發洩與發揮。

在這整個過程中，諮商師對於當事人的問題或擔心的議題有了初步了解，甚至思考個案概念化，如何解釋這個問題？起因為何？可能的影響因素為何？接下來要做的處置是如何？也就在這個資料收集的過程中，會慢慢在諮商師的腦中成形。

之所以會詢問當事人曾經如何解決問題，以及解決的效果如何？就是將當事人視為一個有能力的人，而不是被動或者無能者。通常當事人在諮商師接納、不批判、願意聆聽的氛圍下，會願意敞開心胸，將自己擔心或煩惱的議題全盤托出，此時當事人的情緒就會自然流露（通常會哭泣或啜泣），這就是打開彼此溝通的主要樞紐，也讓當事人可以減少防衛、讓諮商開始運作。

當然有些當事人是經由轉介管道而來，帶有較多的抗拒。諮商師不必將其個人化（認為當事人是針對自己），只要按捺下來、願意開放心胸，引導當事人說出自己的故事，當事人在有機會敘述自己的故事或理由時，就會較有意願停留在諮商室，而與諮商師進一步互動。

**小博士解說**

諮商的「初次晤談」(intake) 是指諮商師收集資料做初步診斷的過程，通常也是當事人與諮商師的第一次晤談。有些心理衛生機構則是由「個案管理師」(case manager，管理與分派適當的治療師來接案）或實習諮商師擔任，而不是由負責該當事人的諮商師來做。

## 諮商架構

第一次接觸（或初次晤談）→ 觀察、聆聽（必要時做相關測驗）、收集當事人之相關資訊（包括問題發生歷史或醫療史）→ 考慮有無轉介或與其他系統、專業人員合作之必要

設立可接受與可達成之目標 → 個案概念化（為當事人打造適合的處遇計畫）→ 進行諮商與問題解決 → 結案 → 追蹤與輔導

## 當事人情緒激動時可以怎麼做

安靜等待。

面紙盒放在桌上，不用特地拿給當事人。

可以平穩、溫暖的口氣告訴當事人：「沒有關係，這是正常的（反應），我在這裡。」

這段沉默時間，可以容許當事人做情緒宣洩或自我整理，諮商師也可以思考下一步該做些什麼。

當事人

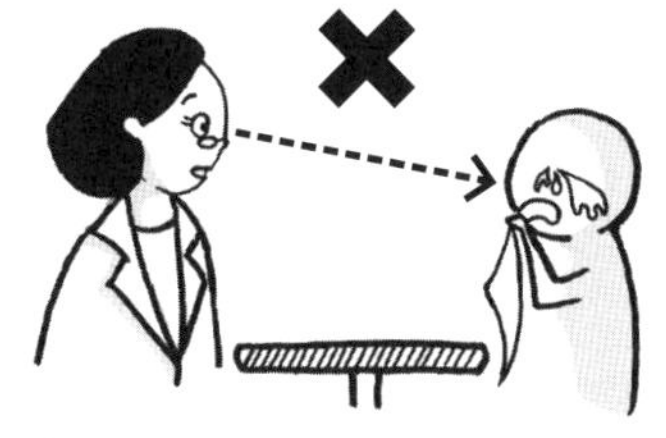

諮商師不要做任何事（整理記錄），也不需要直盯著當事人看。

## 不同型態的當事人（Lipchik, 2002, p.114）

**訪客（visitor）**

可能是非自願當事人，認為自己是被迫而來，不是問題本身，諮商師不妨讓他／她有機會認識一下諮商，並給予適當的觀念釐清與讚美，讓訪客對諮商相關的事物沒有排斥感，下一回也許他／她會願意來求助。

**抱怨者（complainant）**

自認為與問題無關，而是別人有問題，或是自己沒有能力解決問題，所以來治療師這裡尋求諮詢或說明。治療師的態度與聆聽，可能會讓抱怨者了解到自己的立場與觀點之外，還有不同的角度思考及觀察，因而有所頓悟，也願意做一些改善動作。

**顧客（當事人）(customer)**

是願意來求助、讓自己生活功能更好的人，其改變動機最大。

# 單元 2 諮商師核心理論的重要性

諮商師必須要有自己的核心理論，作為每次個案概念化的依據或初步判斷，若是不適合當事人的問題或情況，則需要找尋其他適當的理論，為當事人量身打造解決問題的方式。理論是提供處理問題的一個系統取向，也是有效治療的根基，理論取向的不同，主要是因為每個取向對於人性與問題的解釋及處理不同，基本上其共同點在於「行為是可以改變的」（George & Cristiani, 1995）。

諮商師需要有自己的核心理論，作為接觸每一位當事人的治療基礎概念，這樣才可能帶領當事人朝正確的方向前進，要不然就會與當事人一起迷失在諮商過程裡。通常學術界的訓練，往往是在博士班課程時，才會要求學生去思考、形成自己的核心理論，較有經驗的諮商師也會在臨床工作上慢慢找出適合自己的理論，並針對此做更深入的探究與理解，或是做適度修正。然而若要進行有效、有目標的治療，的確在開始諮商師訓練時就要慢慢思考，哪些理論是可以解釋自己生命經驗、適合自己個性與信念的？

雖然諮商師需要有自己的核心理論作為處置基礎，然而卻不能執著於某一理論，因為諮商需要為不同當事人「客製化」適合他／她的處置方式，因此諮商師也需要了解其他不同取向的理論與技術，因為並非單一理論可以應用於所有問題上，而每一個理論可能只適用於某些議題。諮商師在每一次諮商晤談開始，通常會採用自己所熟悉的核心理論來面對所有當事人或當事人所帶來的問題，然而諮商方式還需要依據當事人不同的需求做適度裁量，因此，若諮商師所使用的核心理論不適合當事人，自然就需要採用其他適合的理論來協助，不能拘泥於自己的理論，因為在諮商中當事人的福祉是最優先的考慮。

核心理論涉及治療師對於「改變」的信念為何？人可不可能改變？影響改變的因素有哪些（像是文化影響當事人的世界觀；權力、特權以及不平等；權力與特權對於治療師角色的影響）？對於健康與疾病的信念為何？如何評估健康與疾病？影響你／妳對健康與疾病的概念化有哪些因素（像是文化、個人功能等）（Okun & Suyemoto, 2013）？大多數治療師不是以單一理論為取向，而是發展一個個人化的「整合取向」（Okun & Suyemoto, 2013, p.13），研究證實諮商師相信的理論影響其實際臨床工作，而個人的臨床經驗、價值觀與專業訓練，也對諮商師的理論取向有影響（Norcross & Prochaska, 1983, cited in Okun & Suyemoto, 2013, p.18）。

有些新手諮商師常困惑於較新奇的理論，甚至認為「應該」適合將其發展為自己的核心理論，然而核心理論除了「喜愛」因素之外，還需要考慮到自己的性格、價值觀、文化背景與對改變及健康的看法。

## 評估正常與病態的標準（Okun & Suyemoto, 2013, pp.27~28）

- 依據一般經驗
- 依據可接受的社會標準
- 依據權威人士的看法
- 依據個人一般性的失功能狀態

## 影響諮商師理論取向因素（Okun & Suyemoto, 2013）

- 對人性的看法 
- 對改變的看法 
- 對健康與疾病發展的看法 
- 是否能解釋諮商師自身的生命經驗 

## 諮商師尋找自己的核心理論

**＋ 知識補充站**

一般所謂的「場面構成」是指諮商師在正式進行晤談之前，讓當事人了解諮商是怎麼一回事？諮商師與當事人的角色與工作為何？包括諮商目標、時段、費用、地點或一些相關事宜，當事人在一切都很清楚的情況下，其投入諮商的意願會更高。

# 單元 3 初次晤談

初次晤談（intake）是指與（潛在）當事人第一次面對面談話，有時初次晤談是由一位諮商師（或個案管理師）負責，接下來才將當事人分派給適當的諮商師；有時是諮商師自己進行初次晤談與接下來的治療工作。前者可以讓諮商師熟悉不同的當事人與問題，但是進行治療的諮商師需要從頭去收集與了解當事人，較不利於治療關係的建立；後者可讓治療師及早與當事人建立關係、並收集資訊，也可以讓當事人了解諮商進行的方式（Welch & Gonzalez, 1999）。負責的諮商師依據手中現有的初次晤談資料（通常是一份表格，由當事人填具），開始與當事人進行諮商。初次晤談的內容，基本上包括下列項目（Hackney & Cormier, 2009, pp.100~102）：

（一）當事人之基本資料（例如：姓名、性別、年齡、地址、聯絡方式、緊急聯絡人、婚姻狀況、職業、教育程度等）。

（二）呈現問題（可按照重要性排序，加上問題持續時間、頻率、首度出現時的情況，問題對當事人生活之妨礙情況，當事人是怎麼決定來做諮商的？）。

（三）當事人目前生活情況（例如：一天是怎麼過的？有無社交、宗教或休閒活動？工作性質如何？有無特殊文化背景的考量？）。

（四）家族史（家庭成員、家長年齡與職業、彼此間的關係、有無家族病史等）。

（五）個人史（醫療病史、教育歷程、服役與否、職業史、性與婚姻、用藥或酗酒與否，以及當事人諮商歷史、個人生活目標）。

（六）描述當事人在晤談時的觀察與反應（如衣著外觀、肢體語言、臉部表情、思考邏輯、動機與反應等）。

（七）摘要與建議（當事人陳述問題與相關資料、當事人的諮商目標與可能的處置）。

以上資訊也是諮商師形成評估、診斷及「個案概念化」的主要依據，除了了解當事人關切議題及其成長史外，也要知道當事人擁有的資源為何。

初次晤談的主要目的是收集資訊、與當事人開始建立關係，但若當事人有危急情況，還是先處理危機，待情況緩解之後，再繼續資料收集。有時初次晤談是唯一一次與當事人接觸的機會（特別是轉介過來的個案），因此諮商師就要特別關注於當事人的說法，甚至讓當事人有機會說出他／她自己的故事，或事件發生始末，讓當事人得以抒發自己的想法與感受，允許當事人有機會說自己的故事就極具療癒性。諮商師的傾聽或許不是當事人日常生活中會遭遇到的經驗，諮商師的傾聽傳達了接納與尊重，也會讓當事人卸下心防，願意為自己做一些改善動作。此外，諮商師在送走當事人離開晤談室之前，也不妨將自己觀察到的當事人優勢做一些摘要（如願意承擔、守信、有禮貌、讓我更了解你／妳等），這樣的動作，可增加當事人下次出現的機率。

## 初次晤談內容（Hackney & Cormier,~2009, pp.100~102）

| | |
|---|---|
| **當事人之基本資料** | 姓名、性別、年齡、地址、聯絡方式、緊急聯絡人、婚姻狀況、職業、教育程度等。 |
| **呈現問題** | 可按照重要性排序，加上問題持續時間、頻率、首度出現時情況，問題對當事人生活之妨害情況，當事人是怎麼決定來做諮商的。 |
| **當事人目前生活情況** | 一天是怎麼過的？有無社交、宗教或休閒活動？工作性質如何？有無特殊文化背景的考量？ |
| **家族史** | 家庭成員、家長年齡與職業、彼此間的關係、有無家族病史等。 |
| **個人史** | 醫療病史、教育歷程、服役與否、職業史、性與婚姻、用藥或酗酒與否、當事人諮商歷史及個人生活目標。 |
| **描述當事人在晤談時的觀察與反應** | 衣著外觀、肢體語言、臉部表情、思考邏輯、動機與反應等。 |
| **摘要與建議** | 當事人陳述問題與相關資料、當事人的諮商目標與可能的處置。 |

## 轉介或非自願當事人的初次晤談技巧

★從同理當事人心境與立場開始。

★諮商師表明自己的身分以及願意聽他／她的說法或故事的誠意。

★諮商師說明自己的困境（例如：需要給轉介老師、家長或法官交代）。

★若當事人不知如何開始，諮商師可以請當事人描述自己的優點或長處，醞釀友善、正向的情緒。

★告訴當事人諮商師準備了哪些活動或媒體，想要如何進行，徵詢當事人的同意。

★若當事人不願意待下來，就進行時間的妥協（例如：「我們先談五分鐘，然後你可決定去留。」或是「我們談個幾分鐘，因為我要記錄，也給你／妳的老師一個交代。」）

★倘若當事人不願意待下來，也不要勉強，不妨在其離去時，告訴他／她，你／妳從當事人身上看見的優點（要有具體事實佐證）或學習。

**＋ 知識補充站**

初次晤談（intake）就是第一次與當事人見面，了解當事人所關切的議題，前提是當事人知道問題所在而來求助（諮商或諮詢）。雖然在初次晤談裡「資料收集」是很重要的工作，但是不要忘記也正是建立關係最好的契機。

# 單元 4 個案概念化

「個案概念化」(case conceptualization)是發展處置計畫、為當事人客製化適當介入選擇的基礎(Okun & Suyemoto, 2013, p.1),也就是對當事人的了解、假設、解釋與推論。「個案概念化」的內容,包含定義主述問題、問題起因與由來、治療目標、達成目標步驟,同時留意當事人的發展、文化、環境脈絡、相關成長歷史、家庭背景與資源等(Magnuson & Norem, 2015/2015, p.123)。諮商師在做個案概念化時,也就是呈現其核心理論的時候,核心理論只是諮商師最初使用的概念化模式,不適當就需要做修正或進一步選擇適合當事人的理論。像是諮商師可能是認知行為取向,但是發現當事人超理性,也許就可嘗試以人文取向的方式來概念化或做介入。諮商師要特別注意:一切要為當事人「量身打造」,而不是硬生生地套用自己的核心理念。

個案概念化是一個持續進行整合與解讀資訊的過程,其目的是要超越案例摘要或事實之外,對當事人做更深入的了解(Okun & Suyemoto, 2013, p.4),因此好的個案概念化不僅聚焦在當事人的問題上,而是去了解在多元脈絡下的當事人。個案概念化有形成對話模式、臨床模式與治療處遇等三個模式(Perry, 2005, cited in Okun & Suyemoto, 2013, p.3),個案概念化也是諮商師了解當事人所呈現的問題與徵狀、想法、情緒、行為與個性的過程(Zubernis & Snyder, 2016, p.60)。

諮商師要從生態的觀點來看當事人,也就是將當事人置入脈絡中,包括家庭與親密關係、家庭外的關係、鄰里與社區、社會文化與社會建構系統,以及全球普遍的因素(如人性、世界觀、人類處境)(Okun & Suyemoto, 2013, p.41),因為許多問題並非當事人本身所造成,因此必須考慮到當事人所處的家庭、社區鄰里環境、國家政治經濟情況與全球化(如環境、經濟或戰亂等)情勢,都會直接或間接地影響生活於其中的當事人。因為個人生活在環境脈絡中,自然受其影響,因此必須將當事人所處的環境、世代等也考量在內,對於問題之釐清與處置將會很有幫助。

我們收集資料的方式也受到自己的核心理論、世界觀與喜好所影響,因此很重要的是:不管諮商師偏愛的理論為何,應該盡可能了解當事人所有的相關脈絡與資訊(Okun & Suyemoto, 2013, pp.128~129)。所謂個案概念化的過程,也就是諮商師如何解讀與分析從當事人身上所收集到的資訊,從理論中整合自己的觀察與假設(Zubernis & Snyder, 2016, p.47)。從我們開始了解當事人時,我們就開始有許多暫時性的假設產生,不管是當事人的功能、主要問題、問題的發展與維持,以及諮商師將如何協助當事人(Okun & Suyemoto, 2013, p.126)。因為假設是暫時性的,表示有需要一直做更新與確認。由於個案概念化是持續進行的,因此諮商師必須要持續創作發想、修正,以及對臨床情境假設做適當反應(Okun & Suyemoto, 2013, p.10)。

## 一般個案概念化需要收集的資訊（Corey, 2013, pp.16~18）

**一般個案概念化需要收集的資訊**

- 目前呈現的問題
- 目前生活景況
- 個人基本背景資料
- 心理分析與評估
- 摘要與個案形成
- 心理社會發展史
- 當事人目標
- 健康與醫療史
- 目前人際關係
- 危險性
- 工作適應情況

## 個案概念化模式與流程

### 收集當事人相關背景與問題資訊

當事人性別、出生序、原生家庭的家庭圖、家人關係、種族、職業、重要生命事件、問題描述、過去諮商或醫療史、支持系統、生活功能檢視等。

### 形成主訴問題概念

依據諮商師自己相信的取向或理論，擷取重要問題線索，將當事人所敘述與諮商師所觀察的資料做統整，列出可能問題的優先次序。

### 依照優先次序列出治療目標

徵詢當事人意見與協調，列出需要處理問題的優先次序，有時候一個大問題下面有不同的子問題，或是不同問題糾結在一起，需要分別列出。

### 依照優先次序，以腦力激盪方式，列出可以介入或處置的方式與考量

盡量仔細、具體，若需要團隊支援，也應列出支援事項。

### 可行的處置方式

就列出的可能處置方式與方向做篩選，擬定計畫、然後執行，並隨時依據出現的新資訊與當事人狀況進行調整或修正。

### 進行治療（過程中固定做評估）

依據當初所擬定的方向做諮商與治療，治療不一定是以談話方式，有時候用媒材（如遊戲、牌卡、問卷等）介入，通常治療師也會依據每次會談目標或進度，與當事人商議可以做的（行動）家庭作業，用來提醒當事人持續努力，也延續諮商效果。諮商師也會在每一次會談中，進行非正式評估動作（例如：詢問目前情緒狀態、生活作息、人際或工作情況）。

### 追蹤與評估

在治療結束後，以正式或非正式方式進行評估，同時也可知道當事人目前狀況與改變情況如何？若有必要，可邀請當事人回來做治療。可用（網路）問卷或電話訪談方式進行，也可請當事人回到諮商所來做。通常是諮商結束後一個到三個月內做追蹤。

# 單元 5 不同取向對改變的觀點

不同諮商取向或理論，對改變有不同的觀點，大致可以區分為「行為」、「認知」與「情緒」三大類，也就是從不同的部分下手、達成改變（或問題解決）的結果。動力取向（包括精神分析）的治療理論是許多諮商理論的先驅，也就是許多理論是從這裡開始衍生的，其強調人若能夠了解事情發生的根源、影響與始末（也就是當事人有「頓悟」，insight），其所展現的徵狀或問題就能迎刃而解，因此潛意識與早期經驗就是治療重點（Corey & Corey, 2011）——了解童年與成長經驗、潛意識裡的保護與壓抑機制。動力取向注意到人類發展階段的需求，以及若需求受阻可能產生的問題，協助諮商師對於人類各發展階段的不同需求與注意事項有更深的了解。

體驗與關係取向重視人的創意與行動力，強調個人感受與主觀經驗，將治療視為當事人和治療師一起參與的旅程，強調治療關係的品質，肯定當事人的潛能，對於自己問題有解決的能力，與動力取向治療的最大不同在於將治療責任轉移到當事人身上，治療師的「在」（presence）及角色典範很重要，許多的技巧是用來讓當事人體驗的。體驗與關係取向著重的平等、真誠的治療關係，能夠在當事人悅納自己時，重拾自己原有的能力與創意，面對與解決生命課題。

認知取向的諮商理論將「想法」視為人類困擾之根源，因此若能夠改變想法或信念，自然會讓情緒與行為的改變也跟進。思考上的謬誤通常是心理疾病的肇因，因為思考上的錯誤，而引起情緒上的騷動或是行為上的失常，因而此取向會聚焦在個人如何「解讀」事件上（Kellogg & Young, 2008）。

行為主義對人性抱持著非善非惡的立場，認為人無好壞、但是有表現不同行為的潛能，人類能夠概念化與控制自己的行為，學習新行為，也能夠影響他人行為，或被他人影響（George & Cristiani, 1995, p.87），改變很簡單，就是改變行為。行為主義強調人與環境的「互惠」，健康的人是可以與他人、環境互動，且獲得正向增強者，自 1970 年代之後，又加入了「認知」因素在其過程中（George & Cristiani, 1995）。

後現代取向從重視人的「主體性」出發，看見文化與主流社會的影響力，企圖在重重影響下建構屬於個人賦能、非主流的精彩故事，將人的主權拿回來。後現代取向可以歸為認知取向，但是同時注意環境、文化脈絡與權力的影響，並從人的優勢出發（也含有體驗關係取向的因素），改變就從人對自己「較喜愛」的身分認同開始。

生態脈絡的諮商主要是考量人與環境之間的關係。「人」與「環境」是互相生成與影響的，人類依據自己對於周遭所處環境的了解，會對生活脈絡作反應，也可以創造生活（Conyne & Cook, 2004）。環境從個人、家人、鄰里延伸到社會、政策與全球事件，有軟體與硬體等層次，有時候改變個人是可行的，但在更多情況下也需要改變環境，個人的改變或福祉才得以持久！

## 改變產生的各學派說法

### 精神分析學派

藉由分析與詮釋當事人日常生活中的潛意識衝突，當事人的自我覺察提升，並對展現的行為與過程產生頓悟，改變就發生。

### 自我心理學派

了解自己行為背後的動機，改變錯誤信念（或私人邏輯），就有勇氣繼續成長與改變。

### 人本學派

從諮商師所提供的三個核心條件出發，當事人接納自我並認可內在自我評價、相信自己的能力。

### 認知行為學派

了解或駁斥自己錯誤信念並做修正，生活哲學也因此而改變。

### 完形學派

當事人放棄成為怎樣的人，呈現「如我所是」，改變就產生。

### 存在主義

當事人願意投入在治療關係中，並願意面對孤獨、獨立性及與人連結，同時發展自我強度以轉化生命情況。

### 行為學派

運用增強與自我管理技巧，改變原先失功能的行為與習慣。

### 家族治療

改變家人互動方式、滿足個人獨立與連結的需求。

### 女性主義

透過角色與權力分析，經由再社會化與社會政策改變，讓個人獲得賦能與自信。

### 後現代治療

認可並尋回個體之能力，結合與運用其資源，開發不同身分與優勢。

## 不同諮商取向的貢獻

| 取向 | 貢獻 |
|---|---|
| 動力取向 | ★提供了治療師了解當事人的內在動力（dynamics）的情況。 ★提供如何協助當事人去修通深植的人格問題。 ★人格理論讓我們了解人格的深層結構與發展過程、潛意識的功能、焦慮與防衛機制的角色、早期經驗與未竟事務的影響、徵狀的功能與起源。 ★了解在日常生活與治療關係中的移情與反移情現象，以及當事人的「抗拒」與意涵。 |
| 關係與體驗取向 | ★重視治療關係，這也是促成當事人改變的最重要因素。 ★治療師常使用「體驗」的方式或作業。 ★相信人性是向善、向上的。 ★將治療責任從治療師移轉到當事人身上。 ★當事人的主觀感受，以及其建構現實的現象場，都是治療師關切的議題。 |
| 認知行為治療 | ★在協助憂鬱症與焦慮的當事人特別有效。 ★是一種短期治療。 ★有科學基礎、也可以運用在許多心理困擾問題上。 ★當事人的積極參與行動，就是最好的自我治療，也在行動中釐清許多迷思、獲得新的領悟，讓治療去神祕化。 |
| 後現代取向 | ★事實是多面向的、且由人與環境互動所產生。 ★將治療從「個人內在」的焦點轉往「脈絡」對人類功能的影響。 ★重視語言的使用與力量。 ★注意到社會脈絡對當事人的影響。 ★願意從較為平權、主持社會公義真理的立場出發。 ★注重每個當事人的故事與立場，是多元文化諮商擅長之處。 ★從「賦能」的角度出發，不將當事人視為弱勢或無能，。 |
| 生態取向 | ★將人置於其所生存、生活的大環境脈絡中。 ★從全面統觀的角度來思考問題，含括個人（內外在）、人際、家庭、社區、環境、文化社會以及全球的影響因素，是最周全的考量。 |

# 單元 6 不同理論之個案概念化

諮商師有其諮商風格，通常與其所喜愛的核心理論有關。諮商師選擇的理論取向與其個性相符，像是較積極的諮商師會引導式地鼓勵當事人聚焦在幾個面向的討論，而個性較被動的諮商師則會允許當事人談論對其而言很重要的議題（Okun & Suyemoto, 2013, p.69）。諮商師在諮商現場，其主、被動的程度，主要視其本身的性格來決定，有些諮商師願意靜默地陪伴當事人，給予當事人力量；有些諮商師則主動地想要協助當事人，將問題做一個了斷或解決。諮商師的理論取向，決定了他／她是怎麼看問題的（定義問題）、問題的可能根源，以及如何解決問題？因此諮商師教育強調諮商師的自我認識與覺察，有其重要性與意義，一來可以知道自己面對不同的當事人是如何展現自己？在與當事人親密的互動中更了解自己，以及自己對於當事人的可能影響。當然更重要的是，理論可以解釋諮商師個人的生命經驗，而這個解釋是讓諮商師信服的，像是精神分析取向認為人性是生物決定論（受驅力與本能所影響），人本取向則是相信人性本善、人有自我實現之潛能，行為取向則是認為人受制於環境、人與環境是互動的，認知取向對人性抱持較中立的看法，從此延伸對問題的認定與治療方式也殊異。

本章會呈現一個案例，然後依據不同理論取向做個案概念化，讓讀者可以更清楚。

**案例**

小月，五十一歲，十多年前因為家暴離異，是四個孩子的母親。她已經找過幾位諮商師，甚至也去見過精神科醫師，服用過抗鬱劑，但是她的情況起起伏伏，加上經濟的困窘，無法持續做治療。

小月說自己是違抗父母親的意志而結婚的，身為五位手足中的老大，她自小就扛起家計的責任、照顧弟妹，但是好賭的母親與暴力、不負責的父親，讓她一直想要逃離原生家庭的掌控與不幸。後來終於碰到前夫，以為是自己一生幸福之所繫，但是懷第一胎開始，丈夫就不在身邊，甚至暴力相向。產後憂鬱症之後，她自此與情緒問題持續對抗，有好幾次輕生的念頭，但是想到孩子就不忍心做這些動作。

小月十年前開始做治療，只是斷斷續續，甚至只在需要時才持續。她說自己目前與兒女同住，兒子前些時候結婚、搬了出去，二女兒與一男性同居、不常回家，大女兒只是工作、回家，與她極少互動，雖然每個月會給她五千元，有時候還要她提醒才會給。她說她最疼大女兒，但大女兒視她為寇讎，小女兒最貼心，會噓寒問暖。兒子目前有自己的家庭，但是工作收入少、有時不穩定，也盡量每個月給她一些錢補貼生活。

小月說不知道自己為什麼要活著，雖然在某些方面她覺得自己對不起孩子，無法承擔起做母親的責任，但是她已經盡力在教養孩子，只是孩子似乎不知感恩，有時候孩子們還會去監獄探望前夫，讓她覺得很不平。

## 初次晤談的步驟（Kottler & Brew, 2003, pp.98~102）

1. 開場白（簡短介紹諮商師自己與晤談目標）
2. 討論基本諮商原則
3. 檢視與修正當事人的期待（設立諮商目標）
4. 探索目前關切的問題
5. 討論處置計畫
6. 結束（含未竟問題、選擇諮商師、下一次晤談時間、總共晤談次數等）

## 諮商師對於轉介過來的當事人可能犯的錯誤

認為當事人是問題所在

將轉介人的目標當作諮商目標

強留當事人

站在轉介者的立場教訓當事人

不清楚當事人需要協助的為何

認為當事人只是過客、不會久留

## 助人專業者可能的問題（Hill, 2009/2015, pp.8~9）

| 可能問題 | 說明 |
|---|---|
| 當事人對諮商師的依賴。 | 當事人凡事都找諮商師協助，未發揮自我潛能或功能。 |
| 諮商師有時會鼓勵當事人依賴諮商師。 | 諮商師是否太自戀，或只在乎自己的聲望或地位。 |
| 諮商師將自己的價值觀強加在當事人身上。 | 違反當事人的自由意志。 |
| 諮商師工作範圍或對象超出自己能力。 | 危害當事人權益。 |

# 單元 7 動力取向之個案概念化

## 從動力取向看小月的案例

心理動力（psychodynamic）取向相信人類基本上是受到本身生理驅力與早期經驗的影響，潛意識的動機與衝突影響目前的行為。佛洛伊德的精神分析學派認為事出必有因，過去種種會導致今日的一切，人類的性格也肇因於早期的經驗，而所有人類都是趨樂（生物性的驅力）避苦的。佛洛伊德將心靈分成三個層次（意識、前意識與潛意識），其中「潛意識」（unconscious）占了九成，我們大部分的行為是由自己無法知覺的力量所引發，特別是那些有威脅性或傷痛的素材，我們很容易將其排除在意識之外，或是經由「偽裝」方式進入意識層。治療強調當事人的「頓悟」，因此潛意識與早期經驗就是治療重點（Corey & Corey, 2011）。

以精神分析的觀點來看小月，她在發展階段中可能遭受到一些創傷或困挫（包括與照顧人之間的依附關係、受照顧的品質、沒有理想父母的鏡照等），使得她在成長過程中一直有一種缺憾、企圖自他人身上獲得補償，她的「自我」也因此未有良好的發展（像是感覺不如人、無價值），也為她後來的人際互動及情緒問題埋下伏筆。心理動力學派看到小月的早期發展對日後發展的負面影響，也就是早期經驗對未來的人格成形的影響力道。

小月與原生家庭的關係，讓她想逃離家（趨樂避苦），但是在自身未準備妥當的情況下就步入婚姻，自然會有許多挑戰需要克服。小月沒有一個典範的母親在前，加上產後憂鬱的情況，讓她自顧不暇、無法勝任母親的責任，反過來她也會因而自責，在這樣的惡性循環下，情緒問題就會經常浮現、干擾其生活。童年期的傷痛（包括沒有受到妥善照顧、父母親的爭吵與暴力），小時候的小月並不清楚這是怎麼一回事，或許學會偽裝、讓自己外表呈現快樂無慮的模樣，甚至在許多學業成就的表現上優於他人，為的就是要讓家人看見、得到愛，但是似乎沒有成功，父母親耽溺於自己的婚姻衝突，忽略了孩子的基本需求，就如同「拋棄」。在沒有理想父母鏡照與呵護的情況下，小月對自我極無信心，她之所以逃離原生家庭，也是急切想要找到愛，當她的丈夫無法提供她想要的，甚至暴力相向，讓小月的自我更破碎，只是她也無經濟能力、無力逃脫目前環境，於是就有自我攻擊的情況——呈現情緒上的無力感。

治療師如同小月的父母，接納小月、給予其之前沒有的關愛，修復其依附需求，讓她覺得自己是值得被愛的，因此她不需要自憐，也不需為自己未善盡母職而感到羞愧。聚焦在當下她可以努力的目標——善待自己、修復與子女的關係，成為一位「有能」的個體。儘管前夫已入獄，她不需阻擋子女與前夫的聯繫。從自我出發，她可以更了解、善待自己，重拾與他人的關係，在關係中學會不委屈。

## 動力取向的基本概念

| 取向 | 動力取向 | | | | |
|---|---|---|---|---|---|
| 學派 | 精神分析學派 | 新佛洛伊德學派 | 心理動力治療 | 自體心理學派 | 客體關係學派 |
| 基本理論 | 行為或性格由非理性（生與死的慾力）力量、潛意識動機、與生物軀力所決定。 | 拒絕佛洛依德的「決定論」，將社會與文化因素納入影響人格的因素。 | 關切當事人性心理、社會心理、與客體關係發展對個人的影響。 | 自我（體）與其他重要他人的客體關係，對其人格的建立與健康有莫大關聯。反對佛洛伊德的強調父職，聚焦在母子之間的聯繫，強調文化與環境對人格形塑的力量。 | 從早期童年到目前的關係，甚至連結到當下治療關係的發展。 |

## Kohut的自我需求

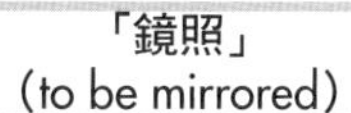

**「鏡照」(to be mirrored)**：浮誇展現的需求。孩子需要在重要他人面前認為自己是重要、很棒、且被喜愛的，有足夠「鏡照」的孩子，就有能力成為自己的「鏡照」（稱為「內化轉換」，就是將外在的客體關係轉換成不同的內在關係模式），即使遭遇失敗的鏡照經驗時，也可以發揮「鏡照」功能、增強自我的「建構」（structure），自尊也因而穩固扎根。

**「理想化」(to idealize)**：孩子相信自己父母之一是有力量、鎮靜、有自信的非常重要，即便父母有時候會讓他們失望，但是孩子會因為成功內化理想父母形象而成長、成熟，因為他們心中有一個引導生命的理想，也可以有能力控制並善用衝動，甚至在遭遇挫敗或壓力時有自我安慰的能力。

**「像他人」(to be like others)**：發展自我的需求〔Kohut 稱為「攣生」（twinship）或「改變的自我」（alter ego）〕，孩子知道自己像父母，或與其他人類似，知道自己有所歸屬。

**＋ 知識補充站**

個案概念化涉及治療師對自己身為諮商師的理解、當事人在脈絡中的特殊體驗、諮商師個人的關係型態，以及了解治療關係對改變的貢獻（Okun & Suyemoto, 2013, p.67）。

# 單元 8 體驗與關係取向之個案概念化（一）

## 從人本學派看小月的案例

小月無法回應父母對她成為「好孩子」及前夫對她擔任「好妻子」的期待，因此極力迎合，卻慘遭挫敗，她將自己的價值建築在他人的期許上，因此犧牲了自我的需求與價值感，同時不僅難討好他人，也落得自信低落的下場。雖然育有四子，子女似乎很孝順，但是二女兒的行徑彷彿重蹈其覆轍，她屢勸不聽，最後只有更沮喪無力。小月的「理想我」與「真實我」之間有極大落差，卻又不知如何填補這個裂隙，因此她處處覺得生活不如意，也不知人為何要活著？她對愛與隸屬的需求勝過求生的本能，因此一直在暴力婚姻下苟延殘喘，她害怕改變現狀，因為擔心失去更多！在情緒不穩的情況下，更難看見未來與希望。小月對於子女的期待也很殷切，所以會有許多不滿意與責難，諮商師也要協助她看見這些，然後放慢腳步，讓她自己與孩子都有呼吸、成長的空間。

諮商師提供小月正常、真誠、有品質的人際關係，同時接納、聆聽、同理她的遭遇，也看見她努力的勇氣，讓她覺得自己是有價值與力量的，因此想要為自己做一些改變，她相信唯有她的改變，孩子們才不必擔心她，也生活得更好！諮商師也運用重新架構的技巧，讓小月賦能、看見希望，願意為自己而努力。

小月不滿意二女兒的擇偶情況，她可以站在母親的立場提供意見，但是二女兒接受與否，也是她的選擇，女兒要為自己的選擇負責任。小月與大女兒間的愛恨情仇，可能源於她對女兒的期待與女兒實際表現之間的差距，小月也需要拉開距離，讓孩子有自己發展的空間，她若想要表現對兒女的愛就去做，但是不需要兒女刻意表現出感恩，才能證明她這位母親的存在與愛。小月需要學習從自己身上得力，而非仰仗他人的肯認或讚許，才能看見自己的價值，她必須從自我內在看見且肯定自我的價值。

小月還需要走出家裡，去拓展自己的視野，甚至是找一份工作，可以多少減輕目前經濟的窘境，而且生活有目標、每天有事做，也讓自己生活好打發、不容易胡思亂想。小月自從婚後就沒有工作過，要克服這層困難，需要慢慢來、急不得，況且每天待在家裡的生活，會讓她的生活更抑鬱、無趣。她需要持續與醫師聯繫、必要時繼續服藥，同時也與諮商師定時碰面，有個談話與商議對象。小月的身體孱弱，加上極少與他人互動，多年來的婚姻生活，已經讓她對人不信任，與諮商師的治療關係可以是一個很好的開始，而諮商師也可以與她商議一些小小的行動作業，讓小月可以在焦慮較低、自己可控制的範圍內，走出自己的舒適圈，減輕對人的害怕與不信任。

## 人本取向的基本概念

| 取向 | 關係與體驗取向（或稱「人本取向」） | | | |
| --- | --- | --- | --- | --- |
| 學派 | 人本中心學派 | 阿德勒（個體）心理學派 | 完形學派 | 存在主義學派 |
| 基本理論 | 人有成長與發展的潛能。人朝向「自我實現」目標邁進，人有解決問題與做決定的能力。 | 人的行為有其目的、受到社會興趣所驅使，人有克服自卑的能力，我們從自己的角度來看世界並做選擇。 | 人有責任在自己的人生中找到定位，並為自己的行為負起責任。 | 人生存的現實包括自我覺察、自由選擇、責任與焦慮，人要創造生命意義，以及自己的定位。 |

## 體驗取向治療的基本原則

1. 體驗是想法、感受與行動的基礎。
2. 人們有行動、選擇與自我決定的潛力。
3. 人是多面向的，整合所有面向時功能最佳。
4. 當其關係是接納、不控制，且真誠、心理不缺席（psychological presence）時，此人能發揮做最佳功能。
5. 成長與發展是潛能，最好是終其一生都在進行著。

## Carl Rogers對人性的基本假設

- 相信每個人都有自尊與價值
- 相信人是良善、值得信賴的
- 人有自我實現之傾向
- 人對自己的行為是有知覺的

**＋ 知識補充站**

佛洛伊德的精神分析（探索人內在的「黑箱」）受到行為主義的挑戰（認為明確可見、可評估的改變才是真的），但是行為學派的治療師權威與專斷，又受到人本學派的挑戰（認為治療關係平等、重視當事人的潛能才是重要），近年來心理學的「第四勢力」則是多元文化的興起。

# 單元 8 體驗與關係取向之個案概念化（二）

## 從阿德勒（個體心理）學派看小月的案例

小月身為家中老大、又為女性，父母親倚重也期待很深，希望她可以統攬一切、負起責任，尤其身在華人家庭，傳統上女性就是自我犧牲的角色，加上父母親不會刻意表現自己愛孩子的行為，因此小月儘管非常努力，想要讓雙親無後顧之憂，但是其自我需求也因而被忽略。她在「愛與親密」的需求上沒有獲得滿足，高中畢業後就結婚，也沒有機會展現自己的能力及對社會的貢獻（即所謂的「社會興趣」），但她養兒育女、持家就是另一種貢獻。小月說自己沒有很多朋友，即使有朋友，自己成家之後也少有聯絡，況且有些同學都離家去念大學，留在家鄉的人極少，小月婚後，丈夫與孩子就是她的世界。

小月小時候的記憶是保護弟妹居多，她說，她常常必須挺身而出；另外一次童年記憶是她躲在桌底、很害怕擔心，因為父母親正在大吵，甚至有動手拉扯的情況，她說她閉上眼睛，希望一切都會消失。從小月的早期記憶與她自己的感受看來，小月不喜歡那種替人收拾善後的感覺，只是因為迫於身為長女，有許多的不得不。對她來說親密關係是危險的，因為自己會受到傷害，所以她需要保護自己。小月的生命型態是只要平安無事、自己不被牽扯其中就好，因為外面的世界太可怕！小月的生命型態的確反映在她實際生活中，她用憂鬱來保護自己，雖然她不喜歡不負責任的人，但是卻也選擇了一位類似的人為伴侶。小月在婚姻中待了十多年，儘管婚姻狀況早就搖搖欲墜，但是她害怕改變，以為只要待久一切就會不同。

小月希望自己可以有機會成為一位好母親，而不是無法了解孩子，或受到孩子憎恨的母親，她希望自己可以不受憂鬱症干擾、好好過生活。讓小月的社會興趣朝正面發展是治療的重心，讓她重拾對自己的信心，將以往的能力再度展現出來。雖然與雙親、丈夫的親密需求受到阻攔，但並不表示她沒有能力，原生家庭儘管影響深遠，但是人有能力與創意，可以將負面能量轉為正向。小月已邁向生命的另一階段，她不需要犧牲自己、成就他人，那個躲在角落裡、害怕被傷害的小月其實很堅強，要不然她無法挺過這些難關。在原生家庭的氛圍中，她一直覺得自己不夠好，所以努力想要討好周遭的人，擔任母職工作的不能勝任、丈夫的背叛，讓她力不從心、心情更抑鬱。諮商師協助小月看見自己有過的努力與能力，找尋生命中心的可能性（如與孩子互動方式、連結原生家庭其他人、慢慢讓自己走出家門，甚至找一份兼差工作），也從小型的家庭作業中讓小月嘗試踏出許多的第一步，重塑對自我的看法與價值。

## 阿德勒學派的主要理念

|  |  |
|---|---|
| 人本取向（humanistic） | 重視人與社會的福祉 |
| 完整的（holistic） | 視人為一統整個體 |
| 現象學的（phenomenological） | 從個體觀點來看世界 |
| 目的導向的（teleological） | 個體受主觀未來所引導 |
| 場地理論的（field-theoretical） | 在個人、社會及物理環境互動過程中，考慮到個人的感受、想法與行動 |
| 社會取向的（socially oriented） | 視個人是主動對社會做反應、也貢獻社會 |
| 方法論上是操作取向的（operational in its methodology） | 強調實際運用性 |

## 阿德勒學派的治療目標（Mosak, 2005, cited in Nystul, 2006, p.189）

- 增進當事人的社會興趣
- 協助當事人克服沮喪感受、減少自卑
- 修正當事人的觀點與目標，改變他們的生命腳本
- 改變錯誤的動機
- 協助當事人覺得與他人平等
- 協助當事人成為對社會有貢獻的人

## 不適應行為的背後動機

（Dreikurs, 1964; Sweeney, 1989; Walton & Powers, 1974）

| 不適應行為 | 說明 |
|---|---|
| 引起注意（attention-getting） | 某人的行為讓你覺得很「煩」，可能其目的就是引起你的注意。 |
| 權力抗爭（power-struggling） | 某人的行為讓你覺得「生氣」，可能是因為他（她）想要證明給你看「誰是老大」。 |
| 報復（revenge） | 某人的行為讓你覺得「很痛」，很有可能是以前他（她）也曾經受過傷，因此採用同樣的方式來「報復」你，讓你可以感受到他（她）的痛。 |
| 自暴自棄（inadequacy） | 某人的行為讓你覺得「無望、無力」，也許因為某人有過太多失敗的經驗，對自己也失去信心了，他（她）的意思可能是告訴你：「不要再試了，試了也沒用」。 |
| 刺激興奮（excitement） | 某人的行為讓你覺得「無厘頭、莫名其妙」，可能就是因為生活太無聊了，所以就做一些動作來排遣。青少年最常有這些行為出現。 |

# 單元 8 體驗與關係取向之個案概念化（三）

## 從存在主義學派看小月的案例

小月截至目前的生活彷彿不是她真正想要的，結婚以前的生活是困在原生家庭「愛的匱乏」中，婚後也發現自己被綑綁在不幸福的婚姻、養兒育女的義務與自己低落的情緒中。從存在主義的觀點來看，她沒有自由與選擇權，也就是沒有活出真正的自我，而小月自認為是命運的犧牲者、無法掙脫或改造自己的命運。若說小月沒有選擇，似乎不是正確的，除了出生與原生家庭之外，她有許多選項其實是存在的，諮商師可以協助小月看到這一點，而非選擇躲在憂鬱情緒中，持續過著自己不想要的生活。

小月一直企圖活在他人的期待與想望裡，所以她不得自由，她也欺騙自己表現得快樂、不需要被擔心。存在主義者認為我們自己給生命意義、同時負起責任，這樣就可以過較真誠的生活、少些悔恨。小月將自己的不幸歸咎於原生家庭的未善待、丈夫的暴力，所以她才「無法」快樂起來，她的這種宿命論其實是逃避責任的說法。諮商師可以告訴小月，她可以「選擇」持續過目前的生活，也可以做些改變，得由她來決定，過去固然對她的生活有影響，但是她是自己生命的作者，可以選擇讓過去影響自己多少。

小月會有焦慮是必然的，這也是生命的真相之一，然而她之前已經面對了許多焦慮，有自己的處理能力，諮商師會協助小月了解焦慮的意義以及其可能帶來的積極動能。「改變」對任何人來說都不容易，而願意做改變的勇氣，不是每個人都有。從小月對於改變現狀的焦慮，可以延伸至我們對於死亡的焦慮，當死亡是必定的未來時，想必她也會想要為自己的人生做些什麼、彰顯自己活過的痕跡。小月與家人的關係該如何處理，才會讓自己少些遺憾？以往的事件儘管不堪、不想回首，但是事件都有其不同面向，諮商師可以協助小月看見更多選擇。當然小月背負著許多的憤恨與不滿情緒，諮商師也需要了解、同理她這些情緒，順勢看看這些負面情緒背後的提醒與契機為何？協助小月不再自限於不良情緒的牢籠中，重新架構或討論可能的潛在意義，都是諮商師不錯的選項。

每個人都是孤獨的，也必須為自己要成就的生命樣態負責任。小月太習慣獨處，長期的獨處讓她失去了與他人的正常連結，因此除了家人之外，她都會害怕與他人互動。諮商師也可以著力在這一點，看看小月在人際的焦慮（如信任、怕受傷害等）為何？願意以怎樣的方式與家人或他人相處較為自在？諮商師與小月的治療關係就是一個很重要的起點。諮商師也要注意小月的進度，步調不要太快，因為容易失敗，也要善盡陪伴之責，讓她覺得有支持、不孤單。

## 存在主義治療理念
（May & Yalom, 2005, cited in Nystul, 2006, pp.214~215）

- 每個人都是獨特的
- 人會尋求意義
- 三種生存樣態（即人與自然、人與社會，及人與自己的關係）
- 自我超越（self-transcendence，超越「主－客」觀的二分法，形容治療中諮商師與當事人發展出親密、且有深度的了解及同理關係）
- 焦慮在生命中的角色
- 存有（being）與不存有（nonbeing）是人類焦慮的根源
- 自由與責任是一體兩面

## 存在主義諮商的關鍵主張（Corey & Corey, 2011, p.165）

1. 我們有自我覺察的能力。
2. 焦慮是人類生存的本質。
3. 基本上我們是自由的個體，因而也必須接受隨自由而來的責任。
4. 我們有保留自我獨特性與自我認定的傾向，也經由與他人的互動來了解自己。
5. 我們存在的獨特性與意義不是固著或不變的，而是終其一生一直重新創造的。
6. 死亡也是人類生存的本質，覺察死亡讓生命有意義。

## 存在主義治療師協助當事人（Nystul, 2006, pp.214~215）

發現自己的獨特性

找到個人生命意義

以正向方式運用焦慮

覺察自己的選擇並負起責任

將死亡視為最終的現實，給予生命特殊意義

**＋ 知識補充站**

存在主義治療是一般人理解最少的一個學派，主要因其：（一）以哲學做基礎，而非奠基於心理學；（二）存在主義治療師較擅長理論信條的解釋而少實務；（三）不同存在主義又有許多的分流或派別；（四）存在主義治療充其量只是一個批判或反制的思考，沒有前瞻性；（五）強調每個當事人、治療師與治療關係的獨特性，缺乏系統化的組織或指導原則（Cooper, 2008, p.237）。

# 單元 8　體驗與關係取向之個案概念化（四）

## 從完形學派看小月的案例

小月與自己生命經驗無完整接觸，常常受困於過往的創傷與不如意，因此無法真正活在當下，所以才有許多情緒問題出現。人的身心靈是一體的，因此小月長期低落的心情也影響自己的身體健康、對自我的看法與心靈安適感，也就是她經常處於「不安」的狀態下，自然無法自我安頓，也看不到環境中的其他選項。

完形學派的現象學根源，會著重在小月的主體性，而非他人的評價或感受。諮商師會專注於其對於自我身心與周遭環境的覺察，即便是不舒服的感受，也要去體驗、不要逃避。治療師協助小月真正活在當下，而不是每每被過去所干擾，連她與家人、他人的互動，都深受過去陰影左右，無法真切地與面對的人溝通、交流。治療師會運用許多身體的實驗與覺察工作，讓小月可以真實體驗、學會不害怕，接著她才會正視自己的需求，為適當的滿足而努力。治療師也讓小月看見自己在過去親密的肉體關係中是不快樂的，因為都是為了滿足丈夫的需求，連許多正常的感受都壓抑下來，她甚至認為女性是不應該有高潮的。小月從身體的覺察中看見自己、也願意接納自己，這是很重要的，接著對自己與他人的看法就會比較同理與寬容。

個體是無法與周遭環境做切割的，人生活在其中，自然也感受到其影響力。小月從覺察自身開始，學會用敏銳的感知去體會周遭環境，那麼她就較不容易焦慮，也就有足夠的能力去因應。諮商師不會催促小月做改變，而是從更認識與了解自己之後，這些改變也會隨之而來，而且按照小月自己的步調進行。

小月提到自己經常做的夢，包括被追殺或殺人，甚至是一個人孤單被遺棄在森林裡。諮商師請小月將夢境搬到諮商室裡，讓她自己去扮演與詮釋夢的意境及意義，小月才驚覺自己的焦慮與擔心已然從現實生活中浸潤到夢裡！諮商師提醒小月：「妳的體驗是妳自己的，這些體驗是什麼？感覺如何？如何發生的？妳最清楚。」藉由這樣的對話，小月有機會覺察自己的反應與感受，也承擔起自己的責任。當然，諮商師也讓小月將一些實驗帶回家裡或是日常生活中進行，慢慢地，小月願意將自己過去所經歷的拿到諮商室裡展現與檢視，她赫然發現自己其實有許多選擇，而不是受害者一項而已！小月檢視了自己與家人的關係，看見自己有太多對對方的期待，卻沒有相對地看到自己的作為，她於是願意主動做一些小改變，此時她已不需要得到諮商師的首肯或讚許，而是自己決定、也承擔責任。

有一回小月還自己去做了一趟單人旅行，回來時才與諮商師分享，諮商師不做任何介入，只是仔細聆聽。諮商師看見小月手舞足蹈、表情生動地描述看見的景致與人物，相信小月已經可以自己好好過生活且真實快樂。

## 完形的主要概念（Nystul, 2006, p.211~212）

- 存在——現象學觀點
- 整合、聚焦在當下
- 協助當事人從依賴到獨立
- 聚焦在關係上
- 實驗性強
- 健康是自我調節、與環境場域的接觸

## 完形治療目標

- 達到統整（情緒行為一致，也更能適當滿足自身需求）
- 為了達到自我統整與協調，就需要有「自我覺察」
- 協助當事人承擔自己的責任，讓他／她從「環境支持」到「自我支持」

## 完形主要技巧

- 「空椅法」（empty chair）
- 「繞圈子」（making the rounds）
- 「誇大練習」（the exaggeration exercise）
- 夢的技巧
- 實驗
- 「停留在那個感覺上」（staying with the feeling）
- 心理劇

**＋ 知識補充站**

實驗的目的在於：（一）探索新的自我與行為；（二）增強覺察；（三）激勵自我支持；（四）表達出未表達的，或是在覺察邊緣的感受與想法；（五）重新擁有自己否認的部分；（六）完成「未竟事務」；以及（七）預演或練習新的行為（Joyce & Sills, 2001, p.98）。

# 單元 9 行為學派之個案概念化

## 從行為主義學派看小月的案例

行為學派主要是消除不適應行為，然後以建設性的行為取代（Corey, 2013, p.125），由於目前行為主義都含有認知成分，因此輔以認知重建或架構也是可以的。小月希望自己可以快樂一點，諮商師於是將小月的「希望」轉變成可以評估的「具體項目」，像是「每天有可以開心笑的事、有體力做事、躺在床上的時間減少」等。小月的不適應行為包括憂鬱情緒導致不想動與不願意出門（特別是單獨出門）、與家人及他人關係之疏離，還有失眠問題。放鬆訓練可以讓她控制自己的情緒與舒緩失眠問題，正向想像可以增進其自我意象、減少焦慮，自我肯定訓練可增進其與他人的眼神接觸、不怯弱，也增進其自信，這些都需要先在諮商室裡練習，甚至是角色扮演，讓小月嫻熟之後，才可以慢慢運用。這些改變需要逐步、小步調慢慢進行，無法一蹴可幾。整個治療過程中，家庭作業的介入，諮商師的陪伴、鼓勵，以及與小月商議調整或修正行動計畫很重要。小月的改變可能會遭遇家人的抗拒或反對（因為他們已經習慣原有的小月），因此治療師需要與小月商討「復發」該如何因應（包括如何取得家人的諒解與合作）。若小月進步太快，或是太急於改變，諮商師也要適時「限制」其改變的速度。此外，光靠小月一人進行改變，阻力會很大，須請其他重要他人（如小女兒或兒子）一起出席，可以讓小月在諮商師之外，有更多人支持與協助她的改變計畫。

小月靠安眠藥入睡的情況，可以商請醫師協助，除了練習放鬆、在家做一些運動（而非家事活動），家人若願意陪伴一起做，效果更加倍，況且有家人陪伴，改變的動機更強，還可以增加家人良性相處的機會。很重要的一項技能是：讓小月慢慢願意主動去做一些事情，而不是覺得被迫或無奈的情況下為之。諮商師甚至鼓勵小月可以栽培一些綠色小植物，看見花草的成長，也讓她看見自己呵護、溫暖的心，得到酬賞與回饋。小月發現自己的生活慢慢獲得掌控，她不再想賴在床上，而是期待每一天可以開始，她就可以完成許多事務。在諮商師的協助之下，她不再莫名其妙地感到心情不好，而是發現花在心情不好的時間減少，因為她有許多事情可以做、想要完成。

小月原本還參酌諮商師的建議，將每日想要做的事記錄下來，看見每天完成的進度就很高興，後來她甚至不需要刻意去遵循當初諮商師的建議（完成一件應該做的、然後去做一件想要做的），而是自己在時間與心力的運用上更為到位，不需要藉由外在的酬賞（如看電視、唱歌、逛街）來增強自己，她發現自己只要每天有事做，自然覺得滿足愉快（自我增強）。

## 行為取向的基本概念

| 取向 | 行為取向 | |
| --- | --- | --- |
| 學派 | 行為主義學派 | BASIC I.D. |
| 基本理論 | 人的行為主要受學習因素與社會文化的影響，學習基本上是經由「制約」而來。 | 要顧慮到多面的因素以為治療之基礎，評估 BASIC I.D.（行為、情感、知覺、想像、認知、人際關係、藥物與生物因素）。 |

## 行為取向的諮商技術

- 肯定訓練與社交技巧（assertiveness/assertion training and social skills）
- 模仿或示範（modeling），或「社會示範」（social modeling）
- 契約（contract）
- 自我監控（self-monitoring）或「自我管理」（self-management）
- 放鬆練習或訓練（relaxation exercise or training）
- 饜足法（或「洪水法」）（satiation）
- 系統減敏法（systematic desensitization）
- 家庭作業（homework assignment）
- 眼動減敏及歷程更新療法（EMDR）
- 代幣制度（token economy）
- 實景曝露（vivo exposure）
- 教育（education）
- 圖表記錄（charting）
- 嫌惡治療（aversion therapy）

**+ 知識補充站**

系統減敏法首先是教導當事人深度放鬆技巧，發展出一個階層圖（如從最無焦慮到最焦慮的情境階層），接著治療師讓當事人可以在進入深度放鬆的同時，以想像的方式進行（焦慮）階層的漸進工作，等到當事人嫻熟之後，最後進行實景（in-vivo）練習，並進行後續追蹤與評估（Nystul, 2006, p.241）。

# 單元 10 認知行為學派之個案概念化

## 從認知行為學派看小月的案例

小月一直覺得別人對不起她，她也無法掌控自己的命運，她是命運的受害者，她的生活中充滿了焦慮與不安，當然有更多的不滿與氣憤。當小月將箭頭指向他人，她自然會有許多的失望與不容忍，對於自己的情況並無改善。諮商師詢問小月：「如果指責、怪罪他人，可以讓妳的生活更好，不要客氣、請繼續。」小月愣了一下，後來有點不好意思。「個人很難改變自我毀損的信念，除非他們願意做出相反的行為。」（Corey, 2013, p.155）當然小月在原生家庭成長的經驗，慢慢形塑了一些可能的非理性信念，包括「我必須討好別人才會被愛」、「這個世界不是我能掌控，我是無力改變的」、「如果事情發展不遂我意，都是他人的錯」等，小月也有許多「應該」與「必須」的想法，像是「我應該被喜愛才有價值」、「我必須做好妻子、母親的角色，才是對的」等。小月這些可能的非理性信念不是空穴來風，但是她也持續地灌輸給自己，才成為堅定不移的想法。

除了針對小月可能的非理性信念做一些舉證與批駁外，諮商師還可以藉由一些實作的家庭小作業，讓小月以行動來驗證其想法之可信度，像是去詢問自己兒女：「被所有的人喜愛或喜愛所有的人可不可能？」「請列出作為一位母親，我的優勢為何？」「我對於每位子女的期待合不合理」等，同時也藉由這些作業，讓小月有機會與孩子做溝通與深談，促進親子關係或化解一些誤解。

小月對自己有許多負面評價，這當然也影響其對自我與他人的看法或要求。諮商師除了協助小月讓她對自己的一些習慣性「自我陳述」做改變，同時將小月內在的許多「應該」，也適時用「可以」或「想要」來替代，像是「我應該表現得像一位好母親」改成「我想要表現得像一位好母親」。偶爾也可以讓小月故意出糗，或犯些小錯誤，改變其對自己嚴苛的指責，像是「我不小心把菜煮焦了，一次燒焦並不會妨礙我身為一位母親」。針對孩子的部分，小月可嘗試不用苛責、求好的方式，而是以重新架構或另一個觀點來看，慢慢放鬆自己可能無理的要求，如對二女兒：「她其實很關心我，要不然不會這麼在意我對其男友的評價。」

此外，小月認為子女去探視獄中的前夫就是背叛自己，諮商師可以請小月的子女一起出席，公開談談他們對於父親的印象，以及為何去探視，然後看小月是否能夠站在子女的立場，體會他們的感受？子女與前夫的關係是血緣，應該不需要將子女扯入夫妻的爭鬥之中，對他們也不公平。

## 認知行為取向的基本概念

| 取向 | 認知行為取向 | | | |
|---|---|---|---|---|
| 學派 | 理情治療學派 | 認知治療 | 溝通交流分析 | 現實治療 |
| 基本理論 | 我們的想法會影響我們的感受與行為，事情發生不重要，重要的是我們怎麼解讀這個事件？ | 人的情緒反應是針對特殊情境的詮釋而產生。 | 我們的溝通有「社會」與「心理」兩個層面，人有社會性、自覺能力與負責任。 | 人對自己生命有自決權，人需要選擇有效方式滿足其需求。 |

## 「認知取向」治療的共同點（Corey, 2009）

- 治療師與當事人是合作關係
- 改變認知造成感受與行為上的改變

- 心理困擾主要是根源於認知過程的功能受到干擾
- 屬於短期教育性的治療方式

## 主要的心理困擾（Dryden, 2007）

| | |
|---|---|
| **自我困擾（ego disturbance）** | 常以「自貶」（self-depreciation）的方式呈現（自我要求達不到時，或嚴苛要求他人） |
| **「不舒服的困擾」（discomfort disturbance）** | 主要就是非理性信念造成（如要求舒適、不能忍受事情不如己意） |

**＋ 知識補充站**

「認知治療」學者認為，思考上的謬誤通常是心理疾病的肇因，因為思考上的錯誤，而引起情緒上的騷動或是行為上的失常，因此聚焦在個人如何「解讀」事件上（Kellogg & Young, 2008）。

# 單元 11 後現代取向之個案概念化（一）

## 從焦點解決看小月的案例

小月歷經了原生家庭的不善待、丈夫的精神及暴力虐待與出軌，仍然努力保護孩子免受飢寒與凌虐，終於讓孩子可以長大成人，這些都是女性韌力的表現，也是讓她可以持續存活的策略。小月身處於父權家庭的環境中，身為女子就是要犧牲、照顧他人，其自我價值也建構在滿足他人的需求上，但是卻失去了自我與獨立性。好不容易掙脫原生家庭的威權與壓力，卻逃入另一個父權的深淵，丈夫假其男性優勢，不僅讓小月忙著懷孕、生兒育女，自己還有外遇、對妻子暴力相向，小月若無對子女的牽掛與愛，無法撐到現在。原生家庭中的母親是典型「父權複製」，不僅輕視、虐待女兒，在女兒婚後也不聞不問。小月沒有埋怨母親或怨懟父親，反而將箭頭指向自己、讓自己情緒低落，生病的小月在沒有資源的挹注下，勇敢撐起這個家、護衛子女。小月之所以不願意離家，是因為她擔心孩子會成為下一個暴力受害者，因此寧可選擇留在家裡，至少可以保護孩子不受傷害。諮商師協助小月看見自己的這些優勢與能耐，小月感嘆道：「我從沒想過自己可以撐到現在。」

小月的存活策略，保住了自己與孩子，但是她依然對子女感覺虧欠，因為自己生病了，沒有辦法發揮應有的能力（「卡住」），但是她最後還是毅然決然與丈夫離異，自己帶著孩子過生活。小月的生活中充滿了挑戰，她卻不畏縮、努力以對，竭盡所有的能力與資源，只希望可以讓孩子生存下來、有不一樣的人生。孩子們在父親缺席的情況下，與母親共營生活，在經濟窘困的條件，仍然堅強地面對困境，完成了高中以上的學歷，也有獨立生活的能力。諮商師發現小月很會找資源，孩子的課業需要有人協助，她就去拜託老師或其他家長，為了孩子她願意求助、在人前低頭；在婚姻生活中被逼到末路，她也挺身而出，為自己及孩子爭取權益，小月說，她一輩子沒這麼勇敢過。

離開丈夫，意味著她必須要撐起這個家的一切，她申請了一些補助、偶爾打打零工，子女們也開始半工半讀。小月說，她已經沒有回頭的權利，要不然她與孩子都是死路一條。小月說，她不是沒有想過放棄，只是她要自己再撐一下子，看看結果如何。諮商師協助小月回顧自己一路走來的能力與努力，她說：「我一直以為是孩子撐著我，現在我發現，我自己也很了不起。」諮商師問小月：「如果把妳的故事下一個標題，可能是什麼？」小月想了一下：「打不倒的女人？」然後與諮商師會心一笑。

小月最初認為自己的問題在「二」，她希望可以到「七或八」，而七或八的願景是：「我的情緒變好，不會每天躺在床上不想動，希望兒子一家幸福過日子，女兒有好的歸宿，我跟孩子都相處得很好。」隨著諮商進程，小月也發現自己的進步，從離開家裡、走到附近公園去看人們活動，還會與晨運的人聊聊天氣，後來她每天只要忙完家事，就會騎車到公園走走。小月也寫了一封信給二女兒，提到身為母親對女兒的擔心，雖然女兒無正面回應，但是她發現即便與女兒待在同一空間也不會有窒息的感受了。

## 後現代取向的基本概念

| 取向 | 後現代取向 | | |
|---|---|---|---|
| 學派 | 敘事治療 | 焦點解決諮商 | 女性主義治療 |
| 基本理論 | 人往往受困於主流文化的威權、不能發展出主體性而感到挫敗。 | 人是自己問題的專家，人有能力解決自己面臨的困境。 | 個人是政治的，權力的不平衡造成許多弱勢無法為自己發聲。 |

## 焦點解決諮商的關鍵要點
（Connie, 2009, pp.14~16; Berg & Steiner, 2003, p.67）

- 使用「讓我們想像」(suppose) 的句子，而不是用「問題」導向的句子。
- 當事人是專家。
- 維持一種尊敬與好奇的態度。
- 治療師不做「假設」(hypothesize)、以為自己懂。
- 在尋找當事人想要的未來與例外情況的細節時，要能夠堅持下去。
- 使用「暫時性」的語言。
- 步調要慢。
- 談到當事人想要的未來時，使用推測的語言 (presuppositional language)。

## 使用焦點解決無效的情況（O'Connell, 2007, p.395）

- 治療師只是一個工匠，不了解此取向背後的原理。
- 當事人自信過低，不能接受他們是有優勢的。
- 治療師將焦點解決與問題解決合併使用，造成自己與當事人的困惑。
- 當事人認為除非已經知道問題所在，否則問題不能解決。
- 當事人處於危機中，未能接近其所擁有的資源。
- 當事人認為 SFBT 太過簡單，而他們的問題是需要繁複的解決方式。
- 當事人想要「快速修復」，不願意也不能探索自己的資源。
- 當事人要諮商師提供解決之道。

**＋ 知識補充站**

焦點解決的省時（諮商時間短）、節約（諮商次數少）、樂觀（看到問題的解決面）、未來導向（不鑽研過去）、尊重當事人的資源等觀點，是很適合我國學校的學生諮商模式。

# 單元 11 後現代取向之個案概念化（二）

## 從女性主義取向看小月的案例

小月歷經父親家暴，想要逃離父親的掌控，因而成立了自己的立即家庭，但是萬萬沒有想到丈夫完全是父親的翻版，不僅對她暴力相向、也鄙視她的女性立場，她只是從一個深淵跳到另一個深淵。小月是父權社會下的犧牲者，歷經了原生家庭的威權父親、複製父權的母親，又遭遇了暴力、以男性氣概為尊的丈夫，她之前的婚姻生活也是屈居在這樣的父權制度下，卻發現自己開始生病，甚至影響到生活功能，丈夫的外遇不斷、暴力相向，讓小月更限縮自己的生活、貶抑自我價值，後來也影響到她的親職能力。小月幾乎是自己一手將孩子帶大，丈夫除了維持家計，不願意分攤養育與教育的責任，而小月在生下老大之後，就受到嚴重情緒困擾。

小月無法回頭向母親求助，因為是她自己選擇的婚姻，而母親自顧不暇、也無力提供額外的協助，她只能咬牙硬撐。諮商師看見小月這樣一位體重不到五十公斤的女子，竟然可以一人拉拔四個孩子成人，接受高中以上的教育，真是現代女性的典範。接著諮商師也分析現在女性的處境與社會現況，讓小月清楚自己的位置，包括女性受壓迫的處境、社會與制度對女性的不公義與不友善，覺察這些並不是要推諉責任，而是更清楚可以做些什麼、拿到什麼資源，也堅信經由集體的努力、制度的改善，情況會有所改變。小月看見二女兒為追求自己的幸福，似乎違反了父權社會對女性的壓迫（如不允許女性追求自己幸福、去找男人的女性就是不貞節），反問小月是否也希望有這樣的自由？小月說自己很擔心女兒被騙，諮商師鼓勵小月直接對女兒表達自己的擔心，與女兒商議需要注意的地方，後來小月以書信方式為之，女兒的態度果然有改善，也會買東西回家。

諮商師讚許小月以憂鬱症及委曲求全的求生策略，保住自己與孩子的性命與生活，因此不必為此感到抱歉，然而她的憂鬱情況並不能讓她過想要的生活、維繫她想要的家庭關係。小月在自己成長過程中，能力也一直在成長，要不然她無法將孩子帶到現在的情況。諮商師與小月討論在原生家庭與立即家庭的生活中學到了哪些能力？她說孩子會提醒她需要克盡職責，要不然真的太可憐了，即便她沒有力氣起身，還是會起來泡牛奶，她說自己奶水不夠，很擔心孩子營養不足，所以就想方設法弄了一些副食品給孩子補充營養。小月說，自己幾度想要了結一切，但是又不甘心，孩子是無辜的，不應該拖他們下水，諮商師嘉許小月的勇敢，展現了偉大的母愛。現在的小月是女兒們的榜樣，她希望讓孩子看見怎樣的女性？這才是治療的重點與目標。

## 女性主義治療取向（Butler, 1985）

- 意識到性別歧視社會的有害影響。
- 肯定女性主義的治療效果，也注重治療師本身的覺察與成長。
- 打破傳統治療中的權力位階，重視女性價值與經驗。
- 採取平等立場，打破傳統的權力不均與不人道。

- 探討女性角色裡的矛盾與衝突。
- 協助女性探索自己內在的資源與能力。

- 提醒當事人治療只是成長的諸多途徑之一，協助其發展更多的可能性。

## 女性主義治療注意事項（Williams, 2005）

1. 問題的情境結構（留意社會文化所扮演的角色，以及可能的「內化壓迫」）。
2. 建立支持與聯繫網路（因為許多問題不是個人因素單獨造成）。
3. 強調社會正義行動的合理性（因為強調社會與政治的影響也是女性主義與其他治療迥異之處）。

## 女性主義治療原則（Corey, 2009）

|  |  |
| --- | --- |
| 個人就是政治<br>(The personal is political) | 個人問題不是個人的，而是需要考量其所置身的社會與政治環境。 |
| 投身於社會改革 | 若要長久有效的改變，必須要將當事人所處的政治與社會文化因素考慮在內，也就是必須要做社會的改革。 |
| 女性的聲音、<br>求知之道都有價值 | 以女性主義的意識來取代父權的「客觀真實」，了解到求知有多元管道，而不是某個權力階層或是族群的特權。 |
| 治療關係是平權、平等的 | 治療師可以與當事人公開討論權力與角色差異，協助當事人了解權力動力影響關係、減少權力的差異性。 |
| 聚焦在優勢、<br>重新定義心理痛苦 | 許多徵狀被視為是「求生策略」，女性主義治療師與當事人談論問題是在生活及因應技巧的脈絡下進行。 |
| 各種型態的壓迫都需要清楚 | 治療師了解政治與社會的不平等對生活在其中的人們有負面影響，因此治療師不僅協助當事人解決個人問題，同時積極促成社會的改變，而在文化脈絡下重新架構當事人的議題就是賦能。 |

# 單元 12 生態脈絡取向之個案概念化

## 從家族治療看小月的案例

諮商師可邀請小月的家人一起參與治療，或是在小月個別諮商的後期，家人一起參與治療。家族治療是從系統觀出發，也兼顧家庭的歷史與脈絡，因此若家人可以坐在一起，討論彼此的想法，讓溝通更無障礙，改變更容易，也少了許多生活中的芒刺與挫敗。家族治療的優勢是當事人不必孤軍奮鬥，而是與家人一起努力，不僅可以解除徵狀，還可讓家人之間更親密，參與的家人可以學習到正向、正確的互動與關愛方式，每個人都蒙受其利。小月家中的人，似乎都是各自獨立、互不相干，沒有所謂的「家人」或「歸屬」的感覺，相信也是家人內心深處極大的遺憾，藉由此次小月的諮商，可以說服幾位家人參與，也是重建家庭的開始。

在家庭治療中，小月有機會表達自己身為母親、想愛護孩子的立場，子女當然也有機會做這些澄清，小月或許要為自己的生病道歉，因為無法確實履行親職責任，子女或許有許多愧疚、認為自己無法達成母親的期待，彼此寬恕、原諒，就可以站在較為平等、了解的立場互動。小月當然也要有足夠的耐力承受子女對她的指責與不滿，諮商師在一旁可以協助調節與澄清，要讓孩子們有機會說出自己的想法與感受之後，治療才開始。子女們可以說出自己希望母親怎麼做，小月也可以做適當因應，但是不做不合理或做不到的承諾，小月也有機會說出自己對每位孩子的擔心為何，而子女也可以做回應。

小月最不喜歡的就是子女去監獄探望前夫，因為她認為這樣就是子女的背叛，諮商師可以協助小月做適當、合宜與彈性的「界限」設定，讓小月看見子女與丈夫的「親子關係」，並不妨礙她與子女的關係，反而讓子女覺得母親胸懷偉大，不刻意阻攔他們的親子互動、對父親的關愛。孩子們參與幾次家族治療，釐清彼此的想法與感受，讓家人可以獨立自主的同時，彼此也可提供支持、有隸屬感。小月也可將自己與前夫的關係做一個了結，若當面談不可行，可請孩子帶一封信給前夫，說明自己的狀況，獻上道歉與原諒，彼此還是孩子們的雙親，一切以讓孩子幸福生活為前提來努力。

諮商師預料到家人之間因為長期以來較少溝通，彼此之間有許多嫌隙或誤解存在，因此可能有爭吵或許多憤怒情緒產生，因此要注意界限與公平性，同時要同理並協助釐清彼此的想法與感受，以便每個人都有機會說明自己的立場，讓彼此可以在互相了解的情況下關係更親密。

在這個家庭中，每個人都有傷，彼此都有若干誤解，但是都不明說，或只是用爭吵惡毒的字眼發洩、表達，讓彼此的憎恨及誤會更深。在家庭治療同時，若諮商師認為有人需要個別諮商服務，也要做適當轉介，當然治療師在諮商過程中的介入，也可以用其中一、兩次針對個人的議題做處理。

## 生態脈絡取向的基本概念

| 取向 | 生態脈絡取向 | | | |
| --- | --- | --- | --- | --- |
| 基本概念 | 生態諮商 | 社區諮商 | 多元文化諮商 | 家族治療 |
| 說明 | 「人」與「環境」是互相生成與影響。 | 改變個人效果不顯著，讓整個社區改變才是長治久安之道。 | 當事人都是「在社會脈絡中的人」，而這些脈絡深深影響著裡面的個體。 | 人身處在家庭這個系統中，牽一髮而動全身。 |

## 不同學派家族治療目標

**學派** 體驗家族治療

**目標** 目的是讓家庭成員可以自由表達自己的真正感受、不再壓抑，然後家人之間可以更真誠連結。其治療過程通常是了解家庭呈現的問題、每個人對此問題的觀感，然後讓每位成員都有機會表達自己的真實感受與想法，接著示範且指導有效的溝通方式。

**學派** 結構家族治療

**目標** 藉由拓展家庭互動的方式來促進家庭的成長，就是讓家庭成員在投入治療過程的同時，企圖協助家庭重組，強化父母次系統、設立適當的位階界限，促成家庭系統的發展、有能力解決出現的徵狀，也鼓勵家庭成員個人的成長、彼此支持。

**學派** 策略家族治療

**目標** 治療師研發不同策略減輕當事人的症狀或是問題，聚焦在當下，認為當前的問題是家中成員持續重複的行為而產生的，「徵狀」就代表問題的一種解決方式（生病或出現問題的人並不是「非自願性的受害者」），因此其重心放在「問題解決」。

### ＋ 知識補充站

系統觀將當事人的問題視為家庭系統功能運作的徵狀（symptom），而非個人的適應問題，因此個人出現問題或徵狀可能是：（一）為了家庭而有其功能與目的；（二）家庭不小心讓這個徵狀持續下來；（三）家庭無法有效運作，特別是在轉換期時發生；以及（四）可能是世代傳承下來的失功能模式（Corey, 2009, p.412）。

# 單元 13 擬定處遇計畫

在將個案概念化的同時，通常諮商師就會針對當事人的問題初步擬定處遇計畫。處遇計畫包括：對呈現問題的行為定義、列出可達成的目標、選擇處遇策略，以及評估進度的方式（Zubernis & Snyder, 2016, p.60）。處遇計畫通常跟諮商師的個案概念化有關係，也就是與諮商師的核心理論有關。當然每位諮商師有自己喜愛的核心理論，然而諮商還是要按照當事人的狀況來「量身打造」，因此諮商師怎麼看當事人的問題、其成因或起源，以及處理的方式，這些都跟他／她相信的理論有關係。好的處遇計畫是可以暫定、有彈性，且可隨時做修正的（Okun & Suyemoto, 2013, p.161）。

倘若諮商師是站在行為主義的立場，他／她可能會要求當事人有行為上的顯著改變計畫，以及執行的一些細節與步驟，然後站在陪伴、激勵當事人，甚至是評估當事人行為成效的立場，來協助當事人做改變（或問題解決）。如果諮商師本身是非常認知取向的，他／她可能會希望藉由不同的作業或者是說服的方式，讓當事人能夠改變想法，當事人的想法改變之後，其情緒與行為就會跟著改變。諮商師站在人本主義的立場，會看到當事人的優勢與挑戰，鼓勵當事人去看到自己的能力，然後試圖去解決面對的問題。如果諮商師是站在生態的立場，他／她會看到當事人周遭的環境脈絡與資源，不會將當事人視為問題本身，同時也會協助當事人去找資源、改變周遭的一些環境因素，甚至是離開那個環境。

處遇計畫也包含諮商師接下來的處理方向與方式，行為學派諮商師會著重在問題解決或行為改變，因此會與當事人商議如何以有效的方式逐步舒緩徵狀或解決問題，且會將想要改變的計畫做具體規劃、行動，並經常評估與檢視其效果。認知取向的諮商師會與當事人檢視自己可能有的非理性信念，可能用挑戰、批駁、改變自我對話或想法的方式，讓當事人看見思考謬誤對感受與行為的影響。人本主義取向的諮商師則會接納與同理當事人立場、看見其內在參考架構，肯定其為解決問題所做的努力，也相信當事人有能力去面對，只是暫時卡住而已。生態取向的諮商師不會將問題怪罪在當事人身上，而是去探索及了解其社會現狀與處境，在思考這些處遇計畫時，也將當事人現有可用資源與環境優勢列入考量，必要時也將環境做改變。

**小博士解說**

諮商師收集資料，然後依據所收集的資料、自己的核心理論，進行個案概念化的動作。個案概念化是將當事人問題的可能成因、資源有哪些、處理方式等做暫時的假設，隨著資料更新或更充足，以及問題解決的情況，可以修正個案概念化。

## 不同學派介入方式與技巧（Hackney & Cormier, 2009, p.160）

| | 情緒取向 | 認知取向 | 行為取向 | 系統取向 |
|---|---|---|---|---|
| 學派 | ★人本中心<br>★完形<br>★身體覺察治療<br>★心理動力治療<br>★體驗式治療 | ★理情行為治療<br>★貝克的認知治療<br>★溝通交流分析<br>★現實治療 | ★操作制約<br>★Wople的反操作制約<br>★社會學習論<br>★Lazarus的多元模式治療 | ★建構治療<br>★策略家族治療<br>★代間系統治療 |
| 技巧 | 積極傾聽<br>正向關懷<br>真誠<br>覺察技巧<br>同理心<br>空椅法<br>想像<br>夢的工作<br>生理回饋<br>自由聯想<br>移情分析<br>夢的分析<br>專注技巧 | ABC分析<br>家庭作業<br>反制約<br>閱讀治療<br>媒體作業<br>腦力激盪<br>找出可行之道<br>重新架構<br>自我圖<br>腳本分析<br>問題定義<br>釐清交流次序<br>教導<br>矛盾意象法 | 引導式想像<br>角色扮演<br>自我監控<br>行為契約<br>肯定訓練<br>社會技巧訓練<br>系統減敏法 | 次系統講解<br>糾結與僵固界限<br>三角關係、同盟與聯盟<br>角色重建<br>矛盾意象法<br>家族圖分析<br>定義界限<br>改變三角關係 |

## 處遇策略須考量因素
（Cormier & Nurius, 2003, cited in Hackney & Cormier, 2009, p.158）

- 所有相關可用處遇（取向）的描述
- 採取行動及過程背後的理由
- 諮商師在每一個處遇中的角色描述
- 當事人在每一個處遇中的角色描述
- 可能會遭遇的不舒服或危險

- 預期的效果
- 評估需要的時間與費用

## 診斷的好處與壞處（Sharry, 2004, pp.86~88）

**好處**

★提供有益於了解當事人問題的線索。
★協助當事人得到支持。
★可減少責備、建立合作關係。
★診斷的標籤有時可協助家長或他人看到當事人的優點。
★診斷可以讓諮商師接近許多相關知識。
★可協助家庭獲得資源（如醫療或其他相關補助）。

**壞處**

★標籤會強調病態、貶損當事人。
★可能限制與助長期待效應。
★可能是不可靠與不正確的。
★如果當事人是特殊的，就有負面標籤效果。
★對當事人來說，診斷不是自己選擇的，也牽涉到倫理議題。

**＋ 知識補充站**

許多研究證明諮商關係是諮商效果最有力的關鍵，因此如何維繫及增進與當事人的關係，如何因應當事人測試治療關係的行為，都是助人專業的重要知能。

# 單元 14 助人歷程內涵

倘若將諮商分為「諮商前」、「諮商前期」、「諮商中期」、「諮商後期」與「諮商結束與追蹤」，然後依各階段不同的重點工作或任務來說明，就可以更清楚諮商的助人歷程。

## 一、諮商前

在正式進入諮商工作之前，有一些問題需要考慮。像是潛在的當事人是誰？可能的主訴問題為何？機構或心理中心該如何招徠這些可能的當事人來使用諮商服務？機構可以提供哪些服務？等等。機構所在地域位置居民的組成（例如：性別、年齡、教育程度與職業等）與資源，影響其求助的動機與成效，若是在資源豐富的都會區，交通便利，加上居民教育程度較高，或許使用諮商服務的機會也會增加，反之則減少。此外，鄉村與都會區居民所關切的事務不同（例如：都會居民較擔心失業、工作壓力、環境汙染等問題，鄉村居民可能擔心自然災害、子女教育品質、家庭財務等問題）。

走入諮商機構要申請諮商晤談前，一般機構都會有制式表格讓當事人填具，裡面包含一些基本資料、關切議題等，也讓當事人填寫一些目前身心狀況訊息（例如：情緒如何、生理狀況、作息等），以及選擇可諮商時段、有無特殊條件的諮商師等。

## 二、初次晤談

許多心理衛生中心在正式接案之前，會先做「初次晤談」（intake），其主要目的是收集當事人相關資料（包含關切的議題），以為暫時診斷之用，在美國因為諮商包含在醫療保險內，因此也可作為申請經費或保險之用。「初次晤談」可由個案管理師或較資淺的諮商師來做，有些機構則是由正式接案的心理師來做。許多「初次晤談」已經表格化，因此只要依據表格上的問題發問或填答即可，但較謹慎的機構則還是會安排諮商師與潛在當事人晤談，讓當事人可以暢所欲言，也開始建立治療關係。事實上，資料收集是諮商全程都在做的，治療關係的建立也是如此。

## 三、諮商初期（探索階段）

主要目的在於與當事人建立支持的治療關係，鼓勵當事人說故事，協助其探索情緒，並進一步了解當事人（Hill, 2009/2013, p.33），因此建立工作關係、評估或定義問題、確定及設立目標是重點。

## 四、諮商中期（洞察階段）

主要目的是協助當事人了解自己的想法、感受與行為，與當事人一起察覺問題根源、處理治療關係議題，以及讓當事人對自己的議題負起責任、擁有掌控感。之所以稱做「洞察階段」，是因當事人對於其所關切的議題會從不同的觀點來看，提升其對自我之了解（Hill, 2009/2013, p.33），因此，如何讓當事人說自己的故事、選擇與開啟介入方式（介入與處置）就是重點。

## 五、諮商後期（行動階段及追蹤與評估）

「行動階段」之目的在於協助當事人思考可以改變的方案，並採取適當行動（Hill, 2009/2013, p.34），協助當事人維持改變、預防復發與最後的諮商效果評估及追蹤。

## Hackney & Cormier（2009）的諮商過程

| | 重點工作 |
|---|---|
| ❶ 建立工作關係 | 建立信任的治療關係 |
| ❷ 評估或定義問題 | 了解當事人關切議題與意義為何 |
| ❸ 確定與設立目標 | 了解當事人想要的諮商目標為何 |
| ❹ 選擇與開啟介入方式 | 協助當事人解決問題或減輕徵狀 |
| ❺ 計畫與進入結束及追蹤 | 治療結束後評估治療效果 |

## 諮商過程要點（Gerber, 2003, cited in Staton et al., 2007, pp.153~156）

| | |
|---|---|
| 宣洩（Ventilation） | 讓當事人將情緒宣洩出來，通常在當事人願意表現自己情緒時，治療才開始。 |
| 釐清（Clarification） | 清楚諮商目標以及曾經使用的處理方式。 |
| 改變（Alteration） | 當事人確定自己想要改變，或是改變生活的處境（頓悟）。 |
| 調適（Accommodation） | 當事人做了改變、有成功經驗，開始有新的思考與作為，要讓改變持續下去。 |

## 如何留住當事人

- 讓當事人了解諮商過程
- 提供小點心或水讓當事人減少緊張感
- 讓當事人說自己這方面的故事
- 以需要給轉介單位交代為由
- 讓當事人看見自己的優勢及努力

**＋ 知識補充站**

諮商階段並非截然劃分，具體說來應該是同步進行，只是重點或有不同，就如同發展心理學針對人類發展分為「階段性」與「持續性」一樣，兩者其實相輔相成。

# 單元 15 諮商過程（一）：探索階段

諮商過程可以粗略分為：探索、洞察、行動與結束等階段（每個階段有其目標與細部步驟），這些階段非截然劃分清楚，而也不是每位當事人都會經歷這些階段，有些當事人可能在初次晤談之後就退出治療，有些可能在探索階段就不再繼續，有些可能很早就進入洞察階段，卻還沒有具體行動改變就結束諮商。本章會就完整的諮商過程做言簡意賅的描述。

## 探索階段

探索階段主要目的是建立治療關係與收集相關資訊，此階段的內涵是協助當事人自我覺察，不管是在動機、情緒、認知或是行動方面的覺察均屬之。當事人與諮商師一旦進入諮商關係，也就是建立治療關係的開始，治療關係不是一次就建立起來，而是整個諮商過程中都在持續，當事人也會隨時測試與諮商師的關係，諮商師要有足夠的覺察與自我強度，了解當事人這樣的心態、與其背後可能的動機。諮商師需要學習的第一個技巧是觀察，也是收集資料的途徑之一，保持自己的直覺與敏銳度，觀察當事人進入諮商室的情況與有無危機處理之必要。諮商師可以經由不同管道來獲得當事人的相關資訊，問問題、填寫量表、畫圖或撰寫資料、使用隱喻或比方等。

### （一）建立工作關係

治療關係及治療同盟（反映了諮商師與當事人共享的目標與信任）的良窳，是有效治療的關鍵。這個階段也是 Hill（2009/2013, p.33）所稱的第一階段「探索」，其特點在於建立支持性、與當事人發展治療關係，鼓勵當事人說故事、探索其感受，藉此多了解當事人。探索階段的目標在於建立投契和信任的關係，諮商師運用專注、傾聽與觀察，協助當事人探索想法，催化情緒釋放，也從當事人那裡學習（Hill, 2009/2013, p.86）。

治療關係是諮商效果的最重要因素，因為其所營造的信任、安全氛圍，讓當事人可以暢所欲言或盡情表達情緒，同時讓當事人體驗到健康的人際關係，也要注意不同個體對關係的知覺不同（Hackney & Cormier, 2009, pp.86~87）。治療師從第一次與當事人接觸（打電話或初次晤談）開始，就已經開始了諮商關係的建立，一直到治療結束，關係建立不易，很容易不小心就破壞了彼此的信任。

人本中心的治療師 Rogers （1951, cited in Hill. 2009/2013, p.83）相信助人關係本身就能讓當事人成長，在當事人遇到真誠無偽的關係時，自然願意表現真實的自己、對自己更具信心，也願意開放自己。為什麼叫做「建立工作關係」？因為諮商不是諮商師「替」當事人解決問題，而是「協助」當事人解決問題，因此當事人是主角，要讓當事人願意為自己負起責任，並做解決問題的努力與行動，這樣的關係才是「有建設性」的「工作」關係，因此，許多治療師都稱與當事人是「夥伴」的合作關係。諮商師的最終目的是讓當事人有能力去面對、嘗試解決自己的問題，因此諮商關係在初期，當事人可能會非常仰賴諮商師，慢慢地諮商師也要學會放手。

## 諮商師可以做的觀察內涵（Hackney & Cormier, 2009, p.47）

- 注意到當事人整體的焦慮或不舒服的狀態
- 了解當事人的一些文化背景
- 注意當事人有些手勢或行動可能意味著情緒或身體的失功能
- 注意聆聽當事人是怎麼架構或提及自己的問題(如小覷或誇大)
- 注意當事人語言與非語言的模式

註：諮商師尚可留意當事人整體外觀、精神狀態以及空氣中可能有的味道（例如：體味、菸味、酒味或毒品）。

## 建立諮商關係的三個核心條件

註：這是人本心理學家Carl Rogers所提出。Kottler & Kottler（2007/2011）認為同理心是一種能力，傳達諮商師所聽、看、感受、覺察到的了解，讓當事人知道並正確接收，也就是可以進入當事人所描述事件、感受其所經歷的重點。

## 助人者透過以下方式建立治療關係（Hill, 2009/2013, p.42）

- 專注傾聽當事人所說
- 適當使用介入技巧
- 依不同當事人給予適當處遇
- 諮商師覺察自我感受與限制
- 知道當事人對諮商師介入的反應
- 對當事人保持開放態度

註：關係與技能是相互關聯的。

## 治療關係的主要功能（Hackney & Cormier, 2009, pp.86~87）

- 治療關係為當事人創造安全信賴的氛圍。
- 治療關係提供給緊張情緒一個媒介或管道，可以允許或保護當事人表達強烈的情緒。
- 有效的治療關係允許當事人去體驗健康的人際關係，也可協助其遷移諮商經驗到生活中。
- 治療關係也可能因為性別或其他因素而有不同詮釋，如男性重視彼此相似的興趣，女性則是分享感受。

## 不同理論建立關係的面向（Okun & Suyemoto, 2013, p.78）

| 理論取向 | 直接或間接 | 結構或非結構 | 活動程度 | 面質情況 |
|---|---|---|---|---|
| 精神動力 | 較少指導 | 半結構 | 較低 | 中等 |
| 認知行為 | 較多指導 | 結構式 | 較高 | 中等到高 |
| 人本取向——個人中心 | 較少指導 | 非結構 | 較低 | 較低 |
| 人本取向——存在主義 | 各有不同 | 結構式 | 各有不同 | 中等到高 |
| 系統——生態 | 各有不同 | 結構式 | 中等 | 各有不同 |
| 自由理論 | 有些指導性 | 各有不同 | 中等 | 中等 |

# 單元 15 諮商過程（一）：探索階段（續一）

**（二）設立目標及危機處理**

諮商目標就像是一張地圖，引領諮商前進。諮商若無目標，就可能漫無目的地遊走，讓治療師與當事人一直在原地打轉。諮商目標最好與當事人一起擬定，而且越清楚、具體越好，一來可取得當事人的合作與努力，二來越具體的目標就越容易達成、也容易評估，當然也可訂立短、中、長期的目標，端賴諮商的時間長短或當事人需求為考量。諮商目標的功能有：（1）激勵動機的效果——鼓勵當事人朝向渴望改變的生活前進；（2）教育功能——建立正向、可達的目標，讓當事人學會建構與管理自己的生活；（3）評估功能——一旦設立目標，就可以此為圭臬，看看自己達成的程度如何？（4）作為處遇計畫的依據——依據目標，治療師與當事人就可以討論如何達成的方式、該如何進行（Hackney & Cormier, 2009, pp.126-127）。諮商目標也會影響諮商師接下來的處遇及策略（Hackney & Cormier, 2009, p.157）。

通常當事人訂立的諮商目標超過一個，也因此需要有優先次序，排定優先次序的考量，包含：（1）有危機性或急迫性者優先；（2）簡單容易完成者；（3）當事人資源足夠者。倘若當事人提出許多目標，那麼也可從當事人認為最想達成的或最需儘快處理的目標為優先，其餘的次目標或附加目標就列在後面。有時候當事人的目標是希望他人做改變（例如：「讓父母親給我多一些自由」），諮商師與當事人就需要好好釐清當事人的真正目標為何？或是要怎樣才能如當事人所願？

設立目標時也要注意當事人是否安全無虞？若有致命性危機，是否已解除或舒緩？當事人在心理情緒上是否穩定？是否有正式與非正式支持系統或資源（Collins & Collins, 2005, cited in Hackney & Cormier, 2009, p.137）？要先將一些危險因子排除之後，再與當事人設立適當的治療目標。諮商師在與當事人晤談過程中，同理與感受到當事人的絕望或問題似乎無法可解，就需要進一步直接詢問其是否有「傷害自己的想法或做法」，這樣平鋪直敘的簡單問法，可以讓當事人久蟄的壓力得以釋放，也較容易與諮商師合作，做建設性的問題處理。諮商師的訓練過程中都有這一項，但是新手諮商師可能會因為自己的焦慮而一時遺忘，或擔心問了是不是正好給當事人一個「處理」的建議？但重點在於：諮商師是專業助人者，在該問什麼問題時卻沒有問，這就是專業上的疏失。

有時諮商師發現可能會有人受傷或受害（例如：虐待或疏忽），也都要注意去探查清楚、連結適當資源（如精神科醫師或社工）、諮詢督導或同業，甚至通報相關單位或人士。諮商師在做這些危機處理時，也要注意將相關資訊、處理的細節等做成記錄。

## 一般自殺處理要點（DeSpelder & Strickland, 2005/2006, p.198）

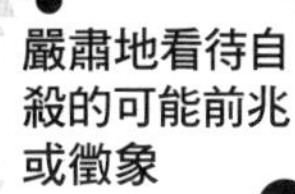

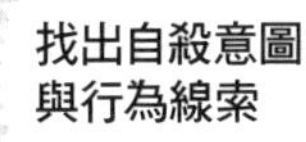

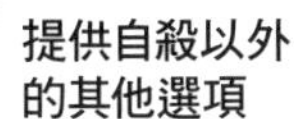

- 嚴肅地看待自殺的可能前兆或徵象
- 找出自殺意圖與行為線索
- 藉著支持、了解與同理來對企圖自殺者做回應
- 藉由問問題、無畏懼地與危機中的人談論自殺來面對問題
- 提供自殺以外的其他選項
- 維持與鼓勵希望感
- 獲得專業的協助以處理危機

註：諮商師還會與當事人訂立明確的「不自殺契約」，包括危機處理方式、緊急聯絡電話等。

## 自殺徵象或訊息

- 蹺家或逃學，課業上有變化等
- 把珍貴物品送人（有「告別」或「交代」意味）
- 低自尊、較無主見、有罪惡感者
- 孤立的社交網絡
- 感覺無助或無望
- 當時承受過多或極大壓力
- 有重大失落或偶像死亡
- 有自殺歷史、曾企圖自殺
- 睡眠、飲食習慣改變
- 情緒低落或憂鬱症
- 無法專心
- 藥物濫用
- 覺得無聊（或人生無意義）
- 行為或個性突然改變
- 威脅要採取行動自殺
- 以成就來肯定自己（不能忍受失敗），覺得自己無價值

## 評估自殺危險性（Juhnke, Granello, & Granello, 2010/2014, pp.69~71）

- 有無自殺計畫（含細節、當事人堅決程度、自殺工具的致命性、取得自殺工具的容易程度、可獲得的協助）
- 精神或情緒穩定性
- 觸發條件或危險因子、保護因子
- 自殺想法或歷史
- 心理性疼痛

**＋ 知識補充站**

大體說來，若當事人尚在極度憂鬱（無藥物治療）、使用毒品或酗酒的狀態下，也不適宜做諮商，因為效果不佳，必須要在當事人清醒、不在藥物酒精的影響下進行治療，治療方能奏效。

# 單元 15 諮商過程（一）：探索階段（續二）

**（三）專注與主動傾聽**

「傾聽」是建立關係以及與當事人做真實接觸的最核心要素（Ivey & Ivey, 2008, p.41）。在當事人感受到被聽見的時候，他／她就被認可了，同時也感受到諮商師的尊重，接著就會願意陳述自己關切的議題或困擾，因此諮商入門第一招就是「專注傾聽」，而其他的技巧也會慢慢上手。在探索階段的最重要技巧就是傾聽，這也是助人專業的第一堂課（當然觀察也很重要）。

諮商師的專注傾聽首先是要在身心上準備好、姿勢維持開放接納，同時要將許多對當事人的疑問懸置一旁，把舞台讓給當事人，並在必要時做出適當回應。專注傾聽時身體會稍稍往前傾、目光放在當事人肩與頭部附近，不要緊盯著當事人看，與當事人偶有目光接觸，臉上的表情會隨著當事人敘述的情節而變化。諮商師所接觸的都是生活面臨困境的人，因此若聽到當事人的遭遇，而有感動、悲憤、想哭的情緒都是正常的，不需要掩藏或刻意誇大，這些行為表現也證明了諮商師的專注聆聽。諮商師的「主動」傾聽，就是以專注、積極的態度，全程陪伴與接納，在這樣的氛圍下，當事人自然感受到諮商師的真誠關切，也願意打開心房，開始敘說自己的故事與感受。

**（四）讓當事人陳述其故事**

諮商師在見到當事人時，除了觀察與評估之外，最重要的就是收集相關資訊，而資訊的收集有量表或標準化測驗、設計的初次晤談表，最重要的是聽當事人怎麼說他／她的故事。治療師願意花時間、提供傾聽的耳朵、營造接納尊重的氛圍、以當事人為主，當事人自然願意將自己的故事說出來，同時諮商師以適當的同理、問題引導當事人繼續說下去，給予言簡意賅的摘要、回應與鼓勵，當事人了解諮商師真正將自己當一回事，對自己的接納度與認同也增加。

在日常生活中，我們常常不被聽見或不當一回事，或許是他人太忙、有先入為主的成見，或是以為自己太了解你／妳，因此即便表面上似乎在聽、卻不一定真正聽見！在諮商室裡，治療師摒除一切障礙，專心一意花時間給當事人、聽當事人說故事，這樣的尊重與接納，就足以讓當事人感動與感激。諮商師讓當事人有機會將自己的想法與感受說出來，也就協助了當事人整理自己的思緒、更了解自己，有時候並不需要做任何介入處理，當事人就已經知道接下來該怎麼做。

在當事人敘述的過程中，諮商師自然不是只聽故事（收集資料）而已，有時候當事人不知道如何表達或描述時，諮商師可以借用不同的技巧，協助當事人表明清楚，特別是當事人在說故事的同時會有許多情緒需要處理或發洩，諮商師的「在」，給了當事人極大的力量與支持，而在當事人可以自然流露情緒時，表示其開放度增加，治療才將啟動。

## 傾聽的要素3V＋B（Ivey & Ivey, 2008, p.42）

Visual contact（眼神接觸）：看著當事人

Vocal qualities（聲音質量）：說話的方式、語調與頻率

Verbal tracking（語言追蹤）：追蹤當事人所說的故事

Body language（身體語言）：做自己，表現真誠、有興趣，專注姿勢，也運用鼓勵的手勢或語調。

## 傾聽注意事項

- 不要怕沉默，沉默在諮商中有不同的意義。有些諮商師很怕尷尬或沉默，結果就說了太多話，會讓當事人很疲憊。
- 不要問太多問題，讓當事人做主角。
- 當事人只有在認為諮商師理解之後，才會聽進去諮商師所說的話。
- 專注傾聽時，不要去想待會兒要問什麼？當事人為什麼會講這些？而是順著當事人所說的、進入狀況。
- 如果諮商師專注傾聽，就會在適當的時間提出適當的問題。
- 傾聽時不是光注重口語的訊息而已，還要注意觀察「非語言訊息」（如肢體、姿勢、表情、眼神等），會讓諮商師的資訊收集更周全。
- 專注傾聽時，要先去除環境中可能有的障礙（包括電話或是噪音的干擾）。
- 傾聽是因為想要真心去了解當事人，這樣的態度很重要。

## 專注傾聽的表現
（Egan, 1998, cited in 王文秀、田秀蘭、廖鳳池，2011, p.180）

- **S**（squarely position）｜面對當事人（通常是與當事人約九十度的方向）
- **O**（open posture）｜開放的姿勢
- **L**（Lean toward）｜身體稍向前傾
- **R**（relaxed）｜放鬆的姿勢與態度
- **E**（eye contact casually）｜偶爾的眼神接觸

## 傾聽禁忌

- ✖ 沒有覺察或處理當事人的非語言訊息及脈絡
- ✖ 不能忍受沉默
- ✖ 急著回應或問問題
- ✖ 急於自我揭露
- ✖ 急著要協助當事人（在沒有完全聽完故事始末，腦中就轉著一些解決方式）
- ✖ 念頭停留在自己身上
- ✖ 急著評估或下診斷

# 單元 15 諮商過程（一）：探索階段（續三）

## 探索階段（續）

### （五）評估或定義問題

知道問題之所在或「定義」問題，才可能設定諮商目標，以及接下來的處置方向。資料收集越完善，可以更明確定義問題，問題也會引導處置方向與方式。將當事人的「主訴問題」（主要的求助議題）定義清楚，接下來的處理才可以開始，有時當事人對於問題的定義趨向負面（例如：「別人都不喜歡我」）或模糊（例如：「我想要更快樂」），因此須將問題具體釐清（例如：「可以跟一兩個人好好相處」或「哭泣次數減少」）。隨著諮商的進展，或許需要重新定義問題或是設定優先次序，都需要諮商師與當事人商討協議。

偶爾當事人會以假問題開始（或許認為問題不在自己身上、不想求助，或不相信諮商師），諮商師不必在意，這也是正常的現象（因為沒有人願意承認自己無能或有求於他人），只要真心相待、化解一些可能的誤會與疑慮，當事人也就願意坦誠以告。有時候當事人所遭遇的問題可能由來已久，不是短期間內就可以緩解或解決，此時諮商師可能會就目前手邊可用的資源，將問題分成不同層次，或短、中、長期的目標來進行定義與處置。許多的問題不是單一因素所造成，有時候也需要作細部分析，就可以處理的部分做規劃與處置。有時候治療師與當事人對於問題的根源所在意見不同（例如：當事人認為只要讓自己情緒好一點就可以，但是諮商師卻看見當事人的人際關係為其問題根本），因此就需要彼此商議、溝通，取得共識。要特別注意：諮商師定義的問題並不一定與當事人相同，而明確定義問題、當事人也認同，才有可能繼續治療，也才能讓問題有所轉圜或改變。

評估（assessment）是在諮商初期很重要的工作項目之一，可協助治療師形成假設，評估也是一個持續進行的過程，當呈現的問題改變時，也應該隨之做彈性調整。評估是從諮商未進行之前一直到諮商結束都在進行，可以分為「正式」與「非正式」評估（或是「形成性」與「總結性」評估），也可以分別從治療師與當事人的角度出發。評估不僅可以協助治療師定義問題向度與決定處遇方式，也可以讓當事人明白諮商方向與其可發揮的地方。

評估讓諮商師知道問題方向、類型與嚴重性，當事人試圖解決方式的有效程度，以及諮商進展或效果，同時有助於諮商師據以修正或擬定更有效的處置方向與策略，因此不可輕忽。即便諮商師或許不是每一次都進行正式評估，但是在結束晤談之後，或在撰寫個案紀錄之時，也會就此次晤談情況、當事人狀況等做一些反思，以為下次晤談的計畫或依據。

**小博士解說**

有效治療因素：（一）「治療外因素」（40%，任何與當事人有關的因素與其周遭環境）；（二）「治療關係」（30%，當事人與治療師的關係品質）；（三）「期待、希望與安慰劑效應」（當事人對治療的正向期待）；（四）「模式與治療技巧」（適當技巧與處置，各占 15%）（Lambert, 1992, cited in Norcross & Goldfried, 2005, pp.94~129）。

## 評估功能

（Seligman, 2004, cited in Hackney & Cormier, 2009, pp.98~99）

- 簡化資訊收集過程
- 讓諮商師做正確評估
- 催化有效處遇計畫的發展
- 決定當事人是否適合某個有效的計畫或課程
- 建立目標與評估進度
- 提升對當事人性格的了解、釐清自我概念
- 評估環境或問題脈絡
- 讓諮商過程或討論更聚焦
- 提升當事人將興趣、能力及性格面向與職業連結的可能性
- 指出有些事件發生的可能性（如職業或學業）
- 催化計畫與做決定
- 產出選擇或選項

## 定義問題

**資料顯示**

女性當事人情緒低落已有三個多月，初發時遭遇工作被解職、家人不諒解、女友離開，窩在租屋處超過兩個禮拜、體重急遽下降，有過輕生念頭，但無明確計畫，也會掛念年老父母。

**定義問題**

憂鬱情緒、諸多失落（工作、女友、家人關係、自我認同）

**處置方向**

1. 危機處理（多重壓力下產生之輕生念頭），配合身心科醫師的診治。
2. 工作代表獨立能力與個人價值，失去工作可能造成租屋處不保、無棲身之地。找工作機會、有無適當人脈，或參與職訓之可能性。
3. 了解家人與人際關係支持情況。
4. 基本生活與營養維持。
5. 處理失戀經驗。

**+ 知識補充站**

諮商師幾乎隨時都在做評估的工作，因為想要確認處理的方式有效程度如何？對當事人的幫助又如何？諮商師當然也可以請當事人做簡單的評估動作，像是當事人的感受、想法、目前問題情況等。

# 單元 15 諮商過程（一）：探索階段（續四）

**（六）協助當事人探索情緒**

許多當事人進入諮商室，常常在諮商師的同理傾聽後，很自然有情緒產生，而不少當事人在求助時，往往因為被情緒所淹沒、不知如何是好？在當事人的情緒得到宣洩或平穩之後，也就是其解除心防之時。一般當事人會對於自己自然的情緒流露感到不好意思，因為情緒是極私己的事，平常不會在陌生人面前表現出來，但是治療師就有這樣的功力，讓當事人可以自然表現情緒。通常治療開始也是在情緒可以自然表達之後。

情緒的表現受到社會與文化的影響甚劇，男性因為社會期待與社會化結果，較不易表露情緒，特別是一些被視為「脆弱」或是「女性專屬」的情緒，因此男性常以否認、理性化、幽默或嘲弄方式規避真正的情緒，這通常也是諮商師需要著力之處。

由於情緒是治療入門，因此諮商師的訓練首先就是情緒介入，其主要目的為：（1）協助當事人表達情緒；（2）認出與區辨不同情緒或狀態；（3）改變或接納、統整情緒（Hackney & Cormier, 2009, p.176）。因為激起情緒是改變的必要條件（Frank & Frank, 1991, cited in Hill. 2009/2013, p.89），倘若當事人認為自己不必為問題負責任，或是將問題平鋪直敘無任何正常情緒表露，也暗示著當事人還沒有準備好要做改變，諮商師能夠使力的地方也不多。

有些當事人不善於表達情緒，或是不知如何表現情緒，或是有些情緒「禁令」是自小從原生父母那裡而來，使得個體以為表現出情緒是不應該、被瞧不起的，或是對自己不好的。有些當事人（例如：有過創傷經驗者）對於一些刺激極為敏感，立刻引發其波濤洶湧、一發不可收拾的激動情緒，甚至會做出傷害性命的事（例如：自傷或傷人），此時很重要的就是協助其區辨哪些情緒是合理的、哪些可能是過度反應，同時慢慢提升其挫折忍受度。有些當事人不能接受事實，以及隨之而來的情緒狀態，所以會刻意壓抑或是表現得超理智，諮商的重點工作就是協助當事人接納情緒是自己的一部分，情緒無所謂好壞，情緒就是情緒，也有其特殊功能，情緒也是讓我們可以做出決定，感受生活的悲喜陰晴，當事人也可以不同方式表達其情緒，不一定要用其他人表露的方式進行。另外，情緒有其複雜性（如有時候歡喜卻又有失落感），了解這些複雜性的由來，接下來才聚焦在當事人希望改變的部分有哪些？

**小博士解說**

儘管有不同的介入策略，還是要看哪些適合當事人？有些當事人很理性，或許諮商師採用認知介入較難有效果，不妨採用情緒或行為的處置較能收效。有些當事人在情緒抒發之後，可以採用行為介入，企圖讓其改變原有固著的思維。有些當事人只要提點不同觀點，就會有行動跟進，因此其宗旨還是在於哪一種介入對當事人適合及有效。

### 該與不該使用情感反映的時機（Hill. 2009/2013, pp.151~152）

**該使用時機**

★諮商師與當事人有治療性連結
★諮商師與當事人對於情緒處理有一致性
★當事人正在逃避感受
★當事人因缺乏感覺的覺察而有不適應行為
★當事人需要再處理創傷經驗時

**不該使用時機**

★治療關係不夠穩固時
★當事人因為嚴重情緒疾患、妄想或極度生氣而被情緒淹沒時
★當事人正處於嚴重情緒危機時
★當事人有攻擊、崩潰、藥物濫用、自我傷害歷史，缺乏情緒處理能力
★當事人強烈拒絕表達情感
★沒有時間處理情緒時
★諮商師缺乏處理情感錯亂當事人的經驗

### 設立良好目標的元素（Culley, 1991; Hackney & Comier, 2009）

★是當事人與諮商師共同協調的結果
★可觀察、可接近且具體
★實際評估當事人能力與時間
★目標可評估
★相關核心議題要先討論
★隨時做必要修正

### 訂立諮商目標注意事項

★以當事人的決定為主
★諮商師可以與當事人商議問題的優先處理順序
★詢問「未來導向」問題（如「若治療有效，你會看到什麼？」）
★邀請當事人對目標或期待做具體陳述

### 設立諮商目標的理由（Locke & Latham, 1984, cited in Egan, 2002, p.250）

- 協助當事人集中注意力與行動
- 目標可協助當事人願意投注心力與努力
- 目標提供當事人誘因去找尋策略以達成
- 清楚而具體之目標協助當事人堅持下去

### 當事人不說出重要議題的原因（Hill, 2009/2013, p.46）

**＋ 知識補充站**

諮商目標的優先次序考量：有危機性或急迫性者優先；簡單容易完成者；當事人資源足夠者。

# 單元 16 諮商過程（二）：洞察階段

**（一）協助當事人覺察與洞察**

探索階段有許多工作是協助當事人自我覺察的內涵（動機、情緒、認知或是行動），然而當事人只有覺察是遠遠不足的，除非其針對此覺察有更進一步的行動跟隨。覺察還有一項重要的功能就是「了解責任的歸屬」，了解與釐清是當事人該負責的，或是過於負責（撈過界），協助當事人在情緒與認知上有較明確的認識。

由於激起情緒是改變的必要條件，而協助當事人探索情緒，通常是諮商師最先會注意到的。當事人在有機會將自己的故事與心情陳述出來時，情緒通常會得到釋放，哭泣是很自然的，當事人或許會在意自己在陌生人面前哭泣而表現氣憤，彷彿是暴露了自己的弱點或不堪之處，諮商師對於當事人這些情緒發洩或表達以正常化（表示有其情緒是正常的）、情緒反映、同理的了解，鼓勵當事人聚焦在感覺上或談感受，甚至以想像或冥想方式，探索內在深處沉潛的感覺，都是很好的介入方式。有些當事人較容易談自己的感受，有些當事人不習慣談私人的感覺，有些當事人可以使用正確的感受字眼，有些當事人不太會形容感覺，諮商師都可以做適當的引導或探索，使用隱喻、自我揭露、角色扮演、放鬆訓練、夢的工作，或與當事人到實地現場做觀察，也都是可以運用的方式。

有時候當事人容易陷溺或固著在自己的想法裡，但是周遭重要他人又不理解，因此非常難受，有時候是因為缺乏商議或對談的對象，因此協助當事人探索其想法，了解其為何有這些思考，或者檢視其思考的彈性如何，就是很重要的。協助當事人探索想法或價值觀，重述或摘要當事人所說的、問適當的問題、解釋、提供訊息、採用立即性、使用幽默與挑戰，或者是角色扮演、空椅法，也都可以協助當事人探索內在的想法或在意的事物。

治療師針對當事人的想法、感受進行探索之後，當事人會開始明白自己所關切議題的關聯性，增加對自己的認識與了解，開始有改變的動力，甚至也嘗試做一點小改變（行動）。在當事人可以從新的觀點看事情，了解事件之間的關係或發生的理由，甚至看見自己性格或習慣中的模式，不管是情緒或認知上的洞察，都是引發行動的先決條件。諮商師相信當事人有能力負責、面對與解決問題，展現成長的潛能，就是諮商堅守的基本原則。

**小博士解說**

使用情感反映技巧來鼓勵當事人宣洩情緒，在感覺開始流動（而不是「卡住」）、當事人也接受自己的感覺時，情緒才會開始宣洩（Hill, 2009/2013, p.140）。

## 諮商師在探索情緒或感受時可以（Hill, 2009/2013, pp.144 &151）

- 篩選當事人重要或突顯的感受
- 可以用隱喻替代感覺用語
- 使用同義字，而不是仿照當事人所說的而已
- 以溫和方式進行
- 需要顧及情緒強度
- 感覺是多面向的、也會隨時改變
- 給當事人時間去吸收與思考諮商師所呈現的情感反映

## 情感反映來源（Hill, 2009/2013, p.145）

- 當事人對其感受的描述
- 當事人口語內容
- 當事人非口語行為
- 諮商師本身投射在當事人身上的感受

## 諮商師處理情緒的無效行為（Hackney & Cormier, 2009, pp.186~187）

- ✖ 解釋情緒的意義（以理智的分析讓自己與情緒遠離）
- ✖ 變得焦慮並改變話題
- ✖ 直接告訴當事人該做什麼
- ✖ 再三保證與解釋一切都會沒事
- ✖ 沉默或情緒退縮
- ✖ 過度認同當事人，逼迫當事人採取行動以去除那種感受
- ✖ 以小覷問題的方式來拯救當事人
- ✖ 自我揭露或提到自己的情緒

**＋ 知識補充站**

諮商議題可能有關係（家庭、人際、親密或職場）、自我探索、情緒與壓力、生涯、學業、生理或心理疾病等，當事人可能勾選多項，應視諮商次數或需求排定處理之先後次序。

# 單元 16 諮商過程（二）：洞察階段（續）

**（二）選擇適當的介入方式**

諮商師的目的是協助當事人解決問題或減輕徵狀，因此進入洞察與行動階段時，就需要選擇適當的問題解決方式與訂立執行步驟。在進入行動階段之前，很重要的是讓當事人覺得自己被了解，壓抑的情緒獲得紓解或發洩，同時對問題有新的認識（洞察），在這些先決條件之下，當事人會較有意願採取改變的行動。當然如之前所說，諮商師在治療過程中已經開始做些處置，建立關係、了解當事人關切的議題、知道當事人試圖解決的方式與效果，以及開始做一些改變計畫與行動，這些都可以同時進行。有些當事人會急於解決問題，因此會前來詢問治療師，基本上諮商師不會在不了解事情全貌或脈絡的情況下、妄做處置，要不然很容易失敗，或讓當事人失去信心。但是若當事人或有其他人士處於危機情況，諮商師就需要馬上有處置動作。

諮商師在選擇介入或處遇方式時，需要先思考治療目標，然後才思考介入的方式與技巧，而在每一個介入的方式或技巧背後，都要清楚了解其目的與理論基礎為何。諮商師不是使用技巧的匠工而已，而是對自己所做的工作要有熱忱，更重要的是有核心理論為後盾，理論不僅決定了諮商師收集資料、定義問題的方式，連帶著也影響接下來所做的介入或處遇動作。沒有核心理論的治療師無法帶領當事人往建設性的方向，與當事人晤談若超過三次就可能不知接下來要怎麼做，這也是一般「準專業人員」（未接受專業助人訓練者）的最大困境。忽略理論的重要性，很容易只是就個人經驗給予處置，或灌輸他人一些想法或做法，容易造成當事人的危險（Magnuson & Norem, 2015/2015, p.101）。因此諮商師在進行處遇動作之前，最好取得當事人的了解，當事人的合作意願會更高，有助於接下來的改變與行動。

**（三）家庭作業與實驗**

家庭作業的功能是讓當事人即便在未與諮商師晤談期間，可以連結或持續諮商之療效，並且有機會身體力行，將在晤談所學運用在實際生活中。許多諮商師都相信家庭作業的功效，因此會在諮商過程適當使用家庭作業，讓當事人可以破除自己認知的限制，開始看見不一樣的觀點與展開行動。

家庭作業可以是觀察的、體驗的或是行動的，可以提升或促進當事人認知、情緒感受或行動的方式，也可以讓當事人將在諮商中所學，在諮商室外做練習與應用（例如：放鬆、冥思、自我對話或貝克三欄），這樣不僅可以持續諮商效果，也可以讓當事人連結所學、自我賦能，甚至可以將練習結果或困難與諮商師討論。

在進行重大行動改變之前，諮商師通常會與當事人商議，做一些小規模的家庭作業，類似完形學派的「實驗」，讓當事人嘗試，這些作業可以讓當事人破除一些迷思（如「知易行難」）。這些小改變成功率很高，也會給當事人為未來的改變打一劑強心針。

## 當事人情緒失控時，諮商師可以如何處理？

- 不要驚慌，先讓自己冷靜下來。
- 不要急著安撫當事人，讓其發洩一下。
- 面紙盒擺在桌上，不必刻意推到當事人手邊。
- 若要以肢體方式觸碰當事人，先讓他／她知道。
- 「正常化」其情緒，告訴當事人「有情緒是正常的」。
- 若當事人要離席一下子也可以。
- 告訴當事人諮商師的「在」（presence）：「我會在這裡，不會離開。」。
- 有些當事人會展現他／她在人際互動慣用的模式（像不遂己意就生氣），諮商師也可以表達自己的憤怒，讓當事人清楚其他人與他／她相處時的真實感受與想法。
- 若當事人是對諮商師生氣，就需要進一步了解與探討，若諮商師做錯、也需要道歉。

## 協調家庭作業（Nelson-Jones, 2005, pp.232~23）

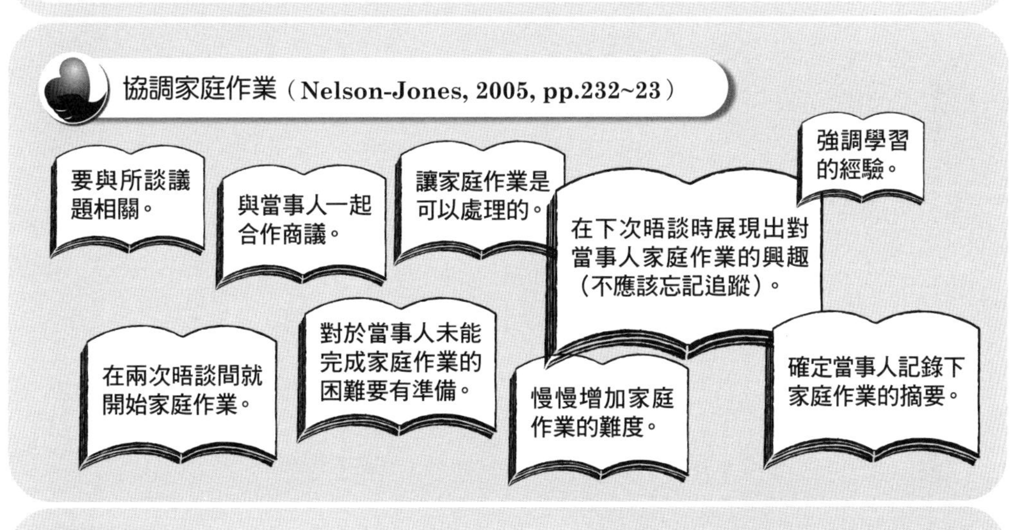

## 實驗目的（Joyce & Sills, 2001, p.98）

探索新的自我與行為　增強覺察　鼓勵自我支持　重新擁有自己否認的部分

表達出未表達的或是在覺察邊緣的感受與想法　完成「未竟事務」　預演或練習新的行為

**＋ 知識補充站**

有時候當事人尚未準備好做改變，或是還不是十分相信諮商師，因此不太願意做一些家庭作業，或是故意忘記有這一回事。倘若治療師認為這項家庭作業很重要，不妨在治療現場讓當事人做一些小小實驗或行動，在諮商師的陪伴之下，當事人或許願意有些行動，接下來就可以與當事人討論家庭作業的心得。

# 單元 17 諮商過程（三）：行動階段

### （一）擬定細目的改變計畫並預防復發

通常對當事人改變的最佳判斷，即是行為上的改變（例如：較少憂鬱或哭泣、願意與人互動、健步如飛）開始，因為只有行為是看得見的、可評估的，自然可信度最大！行動階段是一直持續在進行著，不管諮商師使用的是從哪個角度（情緒或體驗、認知或行為）的介入方式，只要當事人開始了解問題所在或自己的責任，也看到改變後的願景或成效（甚至是掙脫目前的困境），就會願意慢慢開始採取改變行動。安於現狀、抗拒改變是人性，因此在當事人對問題有更深一層的了解，甚至看見關聯性，可能就會對改變抱持著較不畏懼的心態，願意在諮商師的支持與陪伴下，勇敢踏出、有改變的行動，讓自己的生活更好。

諮商師協助當事人釐清目標、創發或探索可行之道（與結果），協助其擬定執行計畫，討論與評估執行後的成果與改進之方（Nelson-Jones, 2005, pp.182~186），就是行動階段的重點。治療師在行動階段可以做的，除了陪伴、支持之外，最重要的是與當事人擬定可行、有效的改變計畫，從小的動作與改變（或家庭作業）開始，並且在行動之後做檢討，訂立改進之道。在當事人的問題解決或改善進步明顯時，還需要與當事人商議可能的復發與因應方式。有時候當事人的改變會引發周遭重要他人的反對或抵制（如唯唯諾諾的妻子開始表達自己的想法、丈夫會害怕），諮商師也要事先提醒當事人，並共商可以因應之道。

當事人是採取行動的主體與負責人，獨自行動可能會有些害怕，但是有治療師的不離不棄，無形中也讓當事人更有力量。

### （二）進行行動計畫、調整與評估

所謂「計畫趕不上變化」，有時候立意良好的周全計畫，也會因為時空與環境的因素，讓計畫在執行過程中產生變數，因此諮商師需要協助當事人在進行行動改變時，評估行動的有效程度，調整適當的執行細節與步調，排除可能的干擾或困難，甚至積極為當事人尋求可協助的資源或助力，讓其改變行動更順暢、成功。

當事人或許會擔心行動改變之後，諮商師就會抽離、不會繼續協助，然而當諮商進程中若有適當的權力與責任轉移（從諮商師主導到慢慢由當事人接手），當事人也會較有信心，繼續面對生活與可能的挑戰。當然諮商師也不是在治療結束後就與當事人無瓜葛，而是會持續做一段時間的後續追蹤及評估，當事人若有需要，也可以再回頭找諮商師協助。

行動階段中需要注意的是：若當事人在心態與技巧（例如：放鬆或肯定技巧）、能力上還沒有準備好，就不能催促當事人進行改變，在準備度不足的情況下貿然行動，最容易失敗，也會讓當事人因重大挫敗而不願意再嘗試。

## 改變產生的條件（Rogers, 1951, cited in Hill, 2009/2013, pp.83~84）

當事人與治療師必須在心理上有接觸

當事人處於「不一致」的狀態下

當事人必須體驗到治療師的真誠一致、無條件積極關注與同理心

在關係中是真誠一致或統整的

必須無條件積極關注當事人

必須對當事人同理

## 改變過程（Prochaska & Norcross, 2010, cited in Masson, Jacobs, Harvill & Schimmel, 2012, pp.378~379）

|  |  |
| --- | --- |
| 思考前階段 | 當事人沒有興趣做改變 |
| 思考階段 | 當事人覺察到自己的問題，並認真地思考改變的可能性 |
| 準備階段 | 當事人有意願且開始展開改變的行動 |
| 維持階段 | 當事人在諮商結束後，仍持續改變的效果 |

## 諮商師提供與不提供解決方式或建議的背後原因

**提供**

- 因為自身的焦慮（如擔心自己在當事人心目中的評價或有效性）
- 急於展現自己的專業性
- 急著看見成果
- 不相信當事人有處理事情的能力

**不提供**

- 擔心當事人太依賴
- 擔心自己的建議無效
- 擔心當事人不相信自己

**＋ 知識補充站**

促進當事人的改變可以藉由以下方式達成：（一）練習或預演；（二）角色扮演；（三）嘗試一些行動小作業。

# 單元 18 諮商過程（四）：結束與評估

**（一）該如何結束諮商**

諮商要結束治療關係是很重要的一個過程，有些機構或學校因為資源有限，希望可以服務更多當事人，因此對於諮商服務次數有限制（如六到十次不等，若需要延長次數，則另有規定），然而治療最終都還是要結束，許多諮商學派對於結束動作都非常謹慎。諮商結束之後，機構或諮商師通常會有追蹤評估的動作，了解當事人對於服務的滿意度如何，以及對當事人的幫助程度。

結束動作不是在最後一次諮商晤談時完成，而是每一次的諮商都要好好開始、好好結束，也就是「善始善終」，才不容易留下「未竟事務」或遺憾，對諮商師與當事人雙方都非常重要，一般人也是如此。「結束」也是生命過程中很重要的議題，像是許多人的戀情分手經驗不佳，甚至沒有機會好好分手，造成後來的戀情都受到這個陰影影響，甚至一直重蹈覆轍（像是一直愛上不該愛的人），此時在治療關係中的「好好結束」，就會給予當事人很好的機會做完結動作，然後將此經驗遷移到與他人的關係中，獲得「經驗修復」。當然也有當事人突然結束治療，卻一直重複這樣的模式，其實就是有「未竟事務」需要解決。

許多當事人在進入諮商時，多多少少心裡都有盤算大概需要做多少次就可以結束（Hackney & Cormier, 2009, p.157），絕大多數提供諮商的機構也會有次數的限制以節省資源，私人機構可能不在此限，但是為了當事人的福祉著想，不想讓當事人形成依賴，或是耗費不必要的資源，諮商還是會有結束的時候。

每一次晤談都需要好好開始與結束。倘若諮商次數是十次，除了每一回提醒當事人「這是第幾次，還有幾次」之外，可以特別在最後倒數第二次開始，慢慢有較清楚的結束動作，即便有時候當事人在某次諮商時，臨時說要結束治療，最好也挪一段時間（如十分鐘）來做結束，這樣子才不會草率、留下未解決的議題。另外，即使只有一次機會與當事人晤談，也都需要留下一小段時間與當事人將此次晤談做摘要、總結，讓當事人這一次的諮商經驗很完整。

諮商結束受到許多因素影響，最常發生的情況就是當事人自己要結束諮商，或是不願意持續諮商，而當事人若遷離此地或是死亡，當然也就結束治療。諮商師若評估當事人的進度已經恢復良好功能，就應該結束諮商，此外治療師本身的因素，像是離開機構或本地、死亡，或是諮商師能力不足轉介當事人至其他心理機構，也都是治療關係的結束。

諮商無立竿見影的療效，但是介入總比不處理要好。若過早結束治療關係也不是好事，可能是因為諮商師與當事人不速配，諮商師笨拙地處理當事人的抗拒且無效，或有重要他人對當事人施加壓力，當事人懶惰、防衛、缺錢或擔心諮商師不讓當事人離開等等，都可能造成諮商關係提早結束。諮商師要尊重當事人提早結束治療的意願，若治療關係良好，則可與當事人冷靜討論結束治療的良窳，將最後決定權交給當事人（Nelson-Jones, 2008, pp.252~253）。

## 結束諮商的原因（不限於此）

- 諮商師與當事人都同意治療有進展，且當事人有能力面對與處理自己的議題。
- 當事人有不可抗拒之因素(如搬家或死亡)。
- 諮商師有不可抗拒之因素(如離職、搬家或死亡)。
- 當事人不願意繼續治療。
- 諮商師發現當事人對其有強烈移情，且對治療有妨礙。
- 諮商師能力有限，無法協助當事人（可徵得當事人同意做轉介動作）。

## 諮商結束的目標

解決終止諮商相關議題（如失落經驗、未來方向）。

探討當事人結合學習與改變的方式。

評估諮商過程。

找出維持改變可能遭遇的困難或阻礙（預防復發）。

評估治療關係。

評估治療結果。

## 結束諮商關係注意事項

- 諮商歷程中的責任歸屬慢慢從諮商師手中移轉到當事人身上。
- 每一次晤談結束都做好結束動作。
- 不宜在每次晤談前幾分鐘討論新議題（時間不足）。
- 每一次晤談結束前都可詢問當事人是不是有新的議題，下回可以討論。
- 最後一次諮商要花適當時間結束治療關係。
- 重新與當事人複習一下如何因應復發情況。
- 最後一次諮商時，記得做回顧與總結（諮商師與當事人都可做）。
- 諮商師可以分享自當事人身上看見的優勢與進步、勇氣及堅持。
- 讓當事人有時間做回顧或摘要，同時是情緒的抒發。
- 諮商師提醒當事人未來多久之後會有追蹤評估。
- 提供必要的轉介資訊或緊急協助電話。
- 提醒當事人隨時可利用相關的諮商與助人服務。
- 不宜留下臉書或手機電話（可留機構之聯絡方式或手冊）。

**＋ 知識補充站**

諮商所需次數多寡，決定因素有許多，包括當事人意願與財力、問題嚴重程度與資源、求助機構可提供之協助種類或深度、求助機構之規定、諮商師評估當事人目標完成程度等。

# 單元 18 諮商過程（四）：結束與評估（續一）

**（二）結束諮商的時機**

何時該結束諮商服務或治療關係？諮商成功通常有幾個結果可作為結束諮商的判斷（Hackney & Cormier, 2009, pp.10~12）：

1. 當事人開始從不同的脈絡看問題或議題。

2. 當事人對於問題或議題有更多適當的了解。

3. 當事人對於舊的議題有新的反應。

4. 當事人學習到該如何去發展有效關係。

Nelson-Jones（2008, p.252）表示，若當事人報告其感受與進步、諮商師觀察當事人的進步、當事人生命中的重要他人的回饋，或有證據顯示已達當初設定目標，就可以結束治療。總而言之，去除一些不可變因素之外，一般結束治療關係通常是諮商目標已達，或當事人的生活已改變、過得更好或更能掌控，就可以結束治療關係。結束諮商的方式可以採用：預定次數已達，當治療目標已達成，慢慢結束（從每週一次晤談到隔週一次、一個月一次）；突發式結束（可能隔三個月不見面，然後找當事人來檢視其表現或進度），或是治療結束後安排追蹤的晤談（Nelson-Jones, 2008, p.254）。基本上以漸進式方式慢慢結束，順便安排追蹤晤談或電話訪問較佳，切記不要突然結束，或是結束時沒有好好說再見。

諮商最後一次晤談其主要目標在於鞏固當事人所學，並且實際運用在生活中，讓當事人有能力可以持續協助自己，因此必須花足夠的時間來做一些工作，包括處理先前可能未處理的「未竟事務」，而在最後一次晤談過程中，可以採用的介入方式像是請當事人摘要敘說在諮商過程中所學的，或是將來可以運用在生活裡的技能，做適當轉介，也要花時間預防「復發」時的情況及處理策略，與當事人分享一些回饋，同時要注意「界限」問題，提醒當事人不要只看到結果，也要享受過程（Nelson-Jones, 2008, p.255）。

治療師在最後一次晤談可以做的，包括：與當事人一起回顧諮商過程與重要事件，檢視所關切的議題與目前情況，請當事人將其在諮商中所學（以及已運用在生活中）的心得做分享，請當事人檢視自己進步的情況，諮商師分享自己的觀察與心得，諮商師給予當事人正向回饋，處理未竟事務（包括失落或離別議題），處理可能復發的情況，做適當轉介，做諮商效果評估，（若有追蹤評估）安排評估時間與進行方式，好好說再見（可以用不同方式或儀式，亦可與當事人商量，甚至提早做準備——例如：送彼此卡片或祝福的話）等。

**小博士解說**

對於結束治療關係，不同當事人會有不同反應。有些較年幼的當事人可能會不清楚結束的意義，有些會有明顯的抗拒或拒絕，偶爾可能會激起當事人之前的分離創傷經驗等，因此治療師都要多予同理，好好做結束。

## 評估當事人對治療效果的反應（Hackney & Cormier, 2009, pp.10~12）

當事人開始從不同的脈絡來看自己的問題

**舉例說明** 當事人原以為自己是問題來源，卻發現自己只是家庭問題的代罪羔羊。

當事人對問題或議題更為了解，且是有用、建設性的了解

**舉例說明** 當事人以為與女友分手是造成其憂鬱的原因，後來發現是重現了當初與母親分離的情結未解。

當事人對於舊的事件有新的反應

**舉例說明** 當事人只要碰到別人的批判都認為是對方挑剔，現在明白對方是要他好，因此感受與行為也不一樣。

當事人學習如何發展有效的關係

**舉例說明** 當事人將在諮商所學運用在日常生活中，與人做有意義的互動。

## 當事人對治療關係結束的抗拒表現情況

遲到

對諮商師發脾氣或態度大不同

突然要求諮商師給予更多或繼續協助

## 諮商師對治療結束的抗拒因素（邱珍琬，2007, p.375）

- 表示一個重要關係的結束
- 結束意味著一個學習經驗的結束
- 諮商師之自我概念受到當事人憤而離開的威脅
- 結束也可能引發諮商師對於自我個體存在的衝突（例如：「人都是孤單的」）
- 結束意味著諮商師一個有趣的冒險結束
- 結束意味著諮商師生命中有過的分離景象之重現
- 結束會引起諮商師未能有效協助當事人的焦慮或罪惡感

**＋ 知識補充站**

結束諮商關係須提及之議題，包括：當事人進展情況、未來方向，以及對終止治療關係的反應，主要目的是協助當事人內化治療過程所學，並因應未來危機。

# 單元 18 諮商過程（四）：結束與評估（續二）

### （三）如何評估治療結束

結束治療有不同情況，像是當事人決定結束，機構規定晤談次數已達，機構所申請計畫的經費已用完（像是家暴加害者治療），諮商師評估治療已達目標或需要轉介到其他單位（或不同治療模式，例如：團體治療）。若已達諮商目標，自然就可以結束諮商關係，但有時諮商目標是慢慢進展的，可能是從擬定小目標開始，因此如何評估諮商目標已達成，就是很重要的指標。結束諮商服務通常是治療師與當事人的約定，有時是因機構的規定（例如：學校以六次晤談為準，必要延長時得具備正當理由），因此主要是看諮商師與當事人要處理的議題及預計時間而定。

當事人若是參加團體諮商，基本上參與前都很清楚團體共進行幾次，因此較有心理準備，個別諮商亦同，諮商師會在第一次晤談時，與當事人評估與協調晤談所需次數，也在當事人清楚了解的前提下開始進行治療。但有時有些心理衛生機構或社區諮商中心可能承接政府或私立法人的計畫案（例如：受暴婦女或加害人處遇），計畫執行完畢或錢用完就結束治療，但是基本上事先也都會讓當事人知道晤談次數。諮商師最好每一次晤談都能夠好好開始與結束，結束的動作也慢慢進行。一般說來，在當事人情況較危急時，可能一週安排兩次晤談，情況平穩之後可以一週一次，當事人的情況漸入佳境之後，或許安排兩週一次，慢慢把間距拉長，最後正式結束時，也要好好做結束動作。

### （四）結束後的追蹤與評估

治療結束後，諮商師通常會請當事人做一份簡單的諮商效果評估表，有時候只是問幾個問題，或是約當事人一、兩個月後再見一次面，了解當事人目前情況、對諮商服務的滿意度等，比較簡便的是先與當事人約好一段時間後（例如：諮商結束後三個月）寄問卷，或請當事人上網回答幾個問題，這些也都是諮商後針對當事人所做的評估動作。治療師本身對於晤談過程與效果也需要做評估，一般是每次晤談完後，諮商師都會做自我檢視或檢討，有時候請督導或同儕協助檢視。

每一回結束個案，諮商師最好整理成一篇個案報告，裡面陳述主訴問題、當事人背景、處置問題的優先次序與方式、處理結果、待解決問題與未來展望等，個案報告是協助諮商師做完整的檢討動作，也可以讓未來接手的諮商師（在當事人再次使用諮商服務時）了解當事人的情況，以及可能需要留意的部分，這樣可以避免重新提問，或是造成資源的浪費。

評估在諮商初期主要是協助諮商師形成假設，也是一個持續的過程，隨著問題呈現或個案概念化而有所改變（Hackney & Cormier, 2009, p.119）。諮商過程中的評估，有助於當事人對於諮商效果的反應、治療師的處置策略調整與決定，而在諮商結束當下或一段時間後所做的評估，主要是檢視諮商效果與追蹤當事人狀況，也是服務顧客的一部分。

## 評估的功能（Seligman, 2004, cited in Hill, 2009/2013, pp.98~99）

簡化資訊收集過程。

發展有效的處遇方式或計畫。

簡化目標設定、評估進度。

提升對當事人性格之洞察、釐清其自我概念。

提升諮商及討論之聚焦與關聯性。

評估環境因素。

讓諮商師可做正確診斷。

決定當事人是否適合特殊的處遇計畫。

指出若干事件可能發生（如工作或學業成就）。

創發選擇與選項。

增進治療關係。

催化計畫與做決定過程。

將當事人的興趣、能力與性格轉化為與職業有關的名詞。

## 評估可以從不同方向進行（Magnuson & Norem, 2015/2015, p.116~120）

**以諮商師**為焦點

內涵

★自我評估、監控與反思
★是否在面對每一位當事人之前做好應有的準備？
★是否有能力處理當事人關切的議題？

**以當事人**為焦點

★當事人希望有哪些改變？
★當事人優勢有哪些？
★當事人的功能如何？
★當事人的發展任務完成狀況如何？
★當事人行為受哪些價值觀影響？
★當事人有哪些資源？
★哪些環境因素造成問題困境？
★當事人做過哪些努力解決問題？
★當事人改變動機多強？

**以關係**為焦點

內涵

與當事人一起參與評估諮商關係與歷程

# 單元 18 諮商過程（四）：結束與評估（續三）

**（四）結束後的追蹤與評估（續）**

「轉介」(referral) 也是治療結束前一個很重要的動作。需要轉介的原因有許多，像是機構或計畫規定的的次數已達（如學校以六次諮商晤談為基準，若要增加次數可能需要督導或行政主管的同意），但是當事人的情況可能還需要諮商的繼續協助。其他轉介的原因有：當事人所提的議題非諮商師專業能力可因應，諮商師在某個特殊領域上較無經驗，諮商師知曉附近有更能協助當事人議題的治療師或機構，當事人與治療師個性不合，諮商師與當事人關係在諮商初期就卡住 (Goldstein, 1971, cited in Hodges, 2021, p.267)。轉介通常還是需要當事人同意，不是諮商師單方面轉介就成，而諮商師可以與當事人商議轉介的好壞處，讓當事人可以做更好的決定 (Hodges, 2021, p.267)。

**（五）抗拒諮商結束**

諮商關係或許是我們生命中一個真誠且不可多得的人際互動，或是生命中從未有過的最佳關係 (Hodges, 2021, p.255)，而結束諮商關係可能會有抗拒的情況發生，可能來自當事人或諮商師。

對當事人而言，結束諮商關係對他/她來說可能是一段重要關係與支持的失去，特別是治療關係夠長，當事人或許對諮商師已經有依賴的情況，因此不想失去這樣的關係，或許還有未解的被遺棄或失落經驗 (Cormier & Cormier, 1998, Welfel & Patterson, 2005, cited in Hodges, 2021, p.262)，或許諮商關係是當事人僅有的幾個關係之一，讓他/她更難以割捨。Welfel 與 Patterson (2005, cited in Hodges, 2021, p.266) 建議諮商師可以：覺察到當事人的需求並讓其有機會表達，回顧之前諮商過程的重要事件，讓當事人重新看見自己的進展，也可以表達對當事人所做改變的支持，以及要求後續的追蹤與評估。

諮商師要利用至少一次晤談的時間作結束動作，最好有計畫，可以向當事人解釋為何需要結束關係；提及當事人進步的情況與實例，肯定當事人已有面對生活挑戰的能力、鼓勵當事人繼續往前。其實在每一次的諮商晤談都需要好好開始與結束，諮商師甚至會提醒當事人這回是第幾次晤談、還剩下幾次，這些也都是結束治療關係的預備動作。

諮商師也會抗拒諮商關係結束，或許是一段重要關係的結束、捨不得與當事人的冒險之旅到了盡頭；或許即將失去一個學習特殊當事人文化或案例的機會；或許是擔心當事人無法面對挑戰、沒有獨立運作的能力；諮商師對於自己的效能有愧疚感，當事人突然威脅要離開讓諮商師的專業自我受到負面影響；結束治療引發諮商師本身有關別離的議題，或是挑戰了諮商師自我分化 (individuation) 的議題 (Goodyear, 1981, cited in Hodges, 2021, p.265)。

## 不同學派對抗拒的看法

| 學派 | 對抗拒的看法 |
| --- | --- |
| 精神分析學派 | 將抗拒視為當事人不想要將之前壓抑或否認、具有威脅性的材料浮上意識層面（對抗焦慮的防衛機轉），是自我保護的一種方式。 |
| 行為學派 | 認為抗拒之所以產生，是因為沒有做適當評估的藉口，或是使用了不適當的技術。 |
| 存在人文學派 | 認為抗拒是當事人所熟悉的救命索，表示他們這樣是安全的。 |
| 人際歷程 | 抗拒則是以往使用過有效、但目前卻無效的生存／適應因應策略。 |

## 當事人抗拒的可能原因（Culley, 1991）

- 不熟悉諮商／輔導，或不認為自己需要諮商服務。
- 對輔導諮商有汙名化或標籤（如求助是表示自己是脆弱的，有病的人才去諮商）。
- 對陌生人談私事或家庭秘密是不對的。
- 擔心保密的問題。
- 錯不在自己、不想改變或還沒準備好要改變。
- 改變太快或可能有潛在危險。

## 當事人可能的抗拒行為表現（Corey, 2019, pp.85-86; Culley, 1991; Doyle, 1998; Pipes & Davenport, 1990）

- 逃避（如遲到、不出現、說別人的事）
- 沉默
- 敵意或攻擊
- 找藉口
- 一問三不知
- 無傷害性的行為（如表現出迷人、可愛、愉快、幽默、做作、煽情或討好諮商師）
- 乏味、無趣的行為（表現出沉默、困惑、無助、被動一直轉換話題，或敘述時無相對應的適當表情）
- 挑釁行為（激怒諮商師，或採退縮沉默等策略懲罰諮商師）
- 表現出超理智
- 避免情緒表露
- 說些抽象而不著邊際的話
- 過度仰賴諮商師

# 單元 19 諮商歷程中的重要議題（一）

諮商即便只有一次，也有其過程（從開始、晤談到結束），因此諮商師都會謹慎行事，盡量協助當事人解決其帶來的議題。從當事人打來的第一通電話開始，諮商師就開始與其建立治療關係，有時候當事人是打電話來諮詢的也無妨，畢竟他／她願意打這通電話來，就表示想要徵詢意見、解決問題。有些機構會在潛在當事人來電諮詢，或是在網路上填具晤談表格時，放上一些基本資料或問題類型請當事人填寫（或可作為派案之參考），等到初次晤談時，再由既定的諮商師或個案管理師詳細收集資料。因為晤談時需要當事人神智清楚，因此若當事人在飲酒、嗑藥的情況下，是不適合做諮商晤談的，基本上若當事人有這些習慣，都需要戒除一段時間後晤談才較有效益。

## 一、治療關係的重要性

治療關係是諮商效果的最重要因素，因為其所營造的信任、安全氛圍，讓當事人可以暢所欲言或盡情表達情緒，同時讓當事人體驗到健康的人際關係，然而也要注意不同個體對關係的知覺不同（Hackney & Cormier, 2009, pp.86~87）。諮商師與當事人首次接觸（不一定是第一次見面，有時候是打電話，或是在其他場域碰到），就是治療關係的開始。

人本中心的治療師 Rogers （1951, cited in Hill, 2009/2013, p.83）相信助人關係本身就能讓當事人成長，在當事人遭遇到真誠無偽的關係時，自然願意表現真實的自己、對自己更具信心，也願意開放自己。我們一般的人際關係也是如此，倘若關係夠，進一步的建議才容易被採納、影響力才會產生。在諮商情境中，治療師以當事人為主，真誠以對、沒有假面或虛偽（所謂諮商師的「透明化」），接納與尊重當事人，願意聆聽當事人的故事，在這樣的氛圍下，當事人覺得自己被肯定、認可，才有可能卸下心防、努力去解決問題或做自我整理。

## 二、資訊收集

有三種資訊是諮商師需要考慮的：當事人所描述的、觀察當事人，以及治療關係的觀察與反思（Okun & Suyemoto, 2013, p.127）。當然資訊收集是涵蓋整個諮商過程，也因此隨著諮商進程與資訊越詳細，也會影響到個案概念化與接下來的處置動作。資料收集還包含當事人的醫療史、家族史、相關測驗或診斷、婚姻狀態與人際情況、小時候的記憶或創傷經驗等。諮商師在面對當事人時，可以依據當事人所陳述，偶爾釐清或詢問相關問題，注意觀察或做自我省思，切記不要因為自己好奇而詢問當事人隱私，或是與當事人無關的人事物（例如：當事人提及朋友，諮商師就讓其繼續說下去，有時可以問一下：「你從剛開始就一直提到這位朋友、還有你們曾經一起經歷的事，我很想知道這位朋友對你的意義為何？」）。許多資料可以互相佐證，有些諮商師會認為當事人說的不是事實而打斷（例如：學生打人卻說是被打），其實也不必要，就如同上例一樣，可以進一步詢問當事人細節以及對其之意義。

## 助人工作的效能（Hill, 2009/2013, pp.5~7）

- 催化有情緒傷痛的人做情緒釋放，並提供支持。
- 透過助人歷程，當事人可獲得洞察，例如：以新的方式了解自我。
- 協助當事人處理存在議題（例如：我是誰、要去哪裡、從生命中獲得什麼）。
- 讓當事人學習到有效的生活技能，並發揮潛能。
- 對當事人與他人互動方式給予回饋（這或許是別人不敢對當事人說的）。
- 教導當事人發揮其功能，並可獨立自主。
- 協助當事人為人生方向做決定。
- 讓當事人經驗一種與他人健康、無傷害性的親密關係，也可提供當事人矯正性（修正過去的不良互動）經驗，重新與他人建立健康關係。

## 諮商模式（Welch & Gonzalez, 1999）

**探索**：建立治療關係、釐清諮商目標（問題或徵狀）

**了解**：了解當事人受困擾的面向、當事人對問題的看法與之前的解決之道

**解決**：處置、改變

## 助人專業者可能出現的問題（Hill, 2009/2015, pp.8~9）

|  |  |
| --- | --- |
| 當事人對諮商師的依賴 | 當事人凡事都找諮商師協助，未發揮自我潛能或功能 |
| 諮商師將自己的價值觀強加在當事人身上 | 違反當事人的自由意志 |
| 諮商師有時會鼓勵當事人依賴諮商師 | 諮商師是否太自戀，或只在乎自己的聲望或地位 |
| 諮商師工作範圍或對象超出自己能力 | 危害當事人權益 |

# 單元 19 諮商歷程中的重要議題（二）

## 三、設立諮商目標

諮商目標的重要性在哪裡？諮商目標該如何設定？諮商目標是引導助人過程的重要依據，倘若當事人很清楚自己來談的目的，諮商過程就很明確、也較有效果，如果當事人不清楚諮商目的（例如轉介過來的當事人），那麼就可能需要將他／她從「訪客」或「抱怨者」的身分成功轉換成「顧客」，然而即便是「訪客」或「抱怨者」，也可以有諮商目標。

諮商目標就是諮商師與當事人共同努力想達成的一個效果。諮商目標基本上是以當事人的目標為目標，然而有時候當事人的目標模糊或是錯誤，應該要如何？舉例來說，老師轉介一位小二男生，希望諮商師協助孩子可以寫功課，表面上這個目標似乎很明確，但是諮商師會想：為何不寫功課？是天生資賦有限或有學習困擾？在校與人相處情況如何？學習動機呢？家中有無人協助監管其課業與學習？有無提供孩子寫功課場所或相關資源？孩子是從以前開始就不寫功課，還是最近才不寫功課？是不是有什麼事件發生？諮商師有這些猜想之後，接下來還是要先了解孩子，才有可能做更正確的假設及目標設定。轉介的目標不一定是諮商目標，因為諮商師的職責不是「達成轉介人的期待」，而是「協助當事人過更好的生活」，因為主角是當事人。

一般說來，若當事人有清楚而具體的目標，就較容易達到諮商效果。若當事人的目標很模糊時（例如：「我想要快樂起來」），諮商師就必須與當事人細談，了解當事人所處的狀況、他／她使用過的解決方式與成效，然後與當事人一起訂立可行的目標。若諮商師很容易給出建議，甚至在未了解當事人為解決問題所做的努力前，就以專家姿態提出忠告或建議，還會很不識趣地「追蹤」當事人是否執行的結果，當事人會因為諮商師不明瞭全貌，擅自提出解決方法而有反感，或是敷衍了事。記住：諮商師要先觀察與傾聽之後，諮商技巧或解決方案自然會隨之而來。

有時當事人的問題其實有附加利益或特殊目的，因此當事人不想改變（Okun & Suyemoto, 2013, p.155），像是戲劇性人格違常者，因為可以得到他人持續的同情與注目，不願意讓自己「變好」，因此需要探討怎樣的目的是當事人可以接受的。像是孩子維持偏差行為，只是因為想要讓父母親和好相處（一起為孩子的事情擔心、合作），諮商師就可以猜測當事人維持問題行為的原因，然後與當事人一起思考其他可行的解決之道。

當事人可能同時有幾個諮商目標，因此諮商師需要就時間限制（或次數）與事情的急迫性，與當事人商議哪個目標要列為優先？像是當事人可能想要挽回戀情、同時又希望參加比賽得獎，但是卻只有六次會談時間，到底哪一個目標較易達成？需要諮商師與當事人一起討論做決定。

## 訂立諮商目標

當事人說明自己的目標。

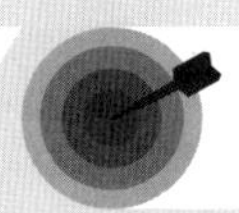

了解當事人的情況，然後與其一起訂立可達之目標。

諮商目標有時候與諮商師的核心理論有關（如何定義問題）。

對於轉介過來的目標需要謹慎確認。

## 設立諮商目標的理由
（Locke & Latham, 1984, cited in Egan, 2002, p.250）

- 目標可協助當事人集中注意力與行動
- 目標可協助當事人願意投注心力與努力
- 目標提供當事人誘因去找尋策略以達成
- 清楚而具體之目標協助當事人堅持下去

## 設立良好目標的元素（Culley, 1991; Hackney & Comier, 2009）

- 是當事人與諮商師共同協調的結果
- 實際評估當事人能力與時間
- 目標可評估
- 隨時做必要修正
- 可觀察、可接近且具體
- 相關核心議題要先討論

## 新手諮商師的焦慮表現在

- 不能專心聽當事人說話（心裡在思考等一下該說什麼）
- 擔心當事人不喜歡自己
- 擔心自己表現不佳
- 問太多問題
- 擔心無法協助當事人
- 專注在當事人所說的內容，少去觀察當事人身體或其他訊息
- 不能忍受沉默
- 擔心自己無法適當回應當事人

**＋ 知識補充站**

諮商目標應該是當事人所決定，而非其他人，因為這樣才是當事人真正想要的，而不是被迫所做的決定。唯有如此，當事人才會願意合作，為更好的自己或生活而努力改變。

# 單元 19 諮商歷程中的重要議題（三）

## 四、讓當事人了解諮商過程

許多潛在當事人或是被轉介過來的當事人，是因為不理解諮商是什麼？目的為何？或者是自己在諮商過程中要擔任的角色為何？甚至是因為擔心去尋求諮商而被視為是「不正常」或「有問題的」（所謂的「汙名化」或「被標籤」），因此不敢使用諮商服務。所以讓潛在當事人，或是可能使用諮商服務的社會大眾了解諮商功能與過程是相當重要的，只要當事人願意接觸諮商，就有可能改變對求助的汙名與誤解。當然，諮商師本身要能夠了解諮商過程、可能遭遇的挑戰與困境、該如何因應或解決，也是讓助人專業有效的關鍵要素。

如何讓潛在當事人願意再度使用諮商服務？有些當事人是「抱怨者」，通常是來述說他／她的委屈或被誤解，一般學校或醫院被轉介來的當事人屬之；有些當事人是「來訪者」，來試試水溫，看看諮商是怎麼一回事，或者是來講自己面對的問題而已，但是不願意去解決，甚至認為責任或問題在他人身上。如何將以上這兩種潛在當事人轉變成真正的「顧客」（或「當事人」），可能就是諮商師的功力。

在一般學校擔任諮商或輔導的工作，通常面對的當事人是被轉介過來的，也就是老師認為他／她需要幫助或「糾正」，然而輔導老師或諮商師的角色就比較平權、不像老師那麼威權，抱持著好奇、不知的態度，簡單說明諮商師工作與晤談流程、強調也尊重當事人的選擇權，讓當事人與諮商師相處能夠輕鬆自在，甚至喜歡這樣的氛圍、喜歡跟諮商師或輔導老師談話，即便這次只是短暫會晤，也會增加他／她再度光臨的機會。諮商師以禮相待，甚至進一步將舞台讓給當事人，聽他／她怎麼說他／她的故事，當事人在這樣被尊重、接納的情況下，就願意開口說出自己的故事，甚至有些當事人會看到自己在事件中的角色與責任，願意在走出諮商室之後，做一些改變。

許多當事人或學生對於諮商是很困惑的，也有一些不正確的觀點，但有時諮商師不必花時間去做說明或辯解，只要真誠與當事人接觸，當事人自然會改變他／她的想法。有些學校的輔導老師或諮商師會想要將轉介過來的當事人留置相當長的一段時間（一節課或一個小時），這樣的做法有時會讓當事人起反感，因為：（一）他／她可能對諮商有汙名化的標籤，認為來諮商的都是「有問題」的，不希望自己變成「有問題的人」，所以他／她急著想要離開現場；（二）他／她可能在事件中是被誤解的，但是老師和其他人不聽他／她的故事，反而強迫他／她要來接受治療或改正，因此只要諮商師或輔導老師願意給時間讓當事人來說他那個部分的故事，當事人有機會陳述所有的事實或過程，而有人願意傾聽及接納，也可以協助當事人看見自己、更了解自己，接下來在這樣被接納與尊重的氛圍之下，當事人可能就會願意把真實的問題說出來。

## 讓當事人熟悉諮商的一般歷程

- 解釋諮商的流程
- 說明諮商師的背景與工作性質
- 說明撰寫記錄內容可由當事人決定
- 說明當事人可以做的事（包括說自己這一方面的故事、可能碰到的議題、擔心的事情等）
- 說明諮商的保密原則與例外
- 說明諮商次數與理由
- 說明可以看見記錄內容的人為誰、理由為何？當事人希望呈現什麼內容？

## 讓當事人了解諮商過程（Corey, Schneider Corey, & Callanan, 2007）

1. 諮商的期待為何？
2. 諮商師的資格與可以提供的服務有哪些？
3. 當事人的期待為何？
4. 治療的危險與益處？
5. 收費的規定如何？
6. 諮商次數與時間多長？
7. 保密的限制有哪些？
8. 諮商師的價值觀（如宗教）是否會影響當事人進入治療關係？
9. 倘若當事人是經由轉介或是法院命令而來，當事人的權益又是如何？

## 影響諮商過程的因素

- 諮商師的經驗（是否遭遇過類似案件，或是有過處理經驗）
- 諮商師的準備度（對於專業助人的基礎功夫與動機）
- 諮商師服務機構的規定或政策（有些機構會規定諮商次數，有些機構個案評估過程較長，有些是接政府方案，錢用完就不再繼續治療等）
- 當事人問題是否有緩解或有進展
- 當事人對諮商與過程的了解
- 當事人求助動機（是否自動求助或緊急性）
- 當事人對於問題歸屬責任的看法（若問題出在自己身上，較易求助）

**＋ 知識補充站**

讓當事人了解諮商過程、諮商師各自的角色與工作，可以促使當事人站在主動積極的立場，承擔起改變的責任，同時也可以化解一些諮商迷思。

# 單元 19 諮商歷程中的重要議題（四）

## 五、諮商師的「在」很重要

諮商師需要與當事人同在，也就是要專注，將舞台讓給當事人，同時以接納、尊重的態度傾聽，也做適度的同理及回應，想方設法去了解當事人與其處境。諮商師的「在」(presence)，包括：(一) 事先做好晤談的準備（例如：先了解當事人求助的議題、基本資料、上次晤談的內容，或到目前為止的進度等）；(二) 身體上的健康安適、輕鬆自在，手邊無急迫性事務需要處理，也沒有私人事務要擔心；(三) 若有上次答應要給當事人的資料（例如：「時間管理的智慧」、「手機上癮量表」）也要準備好；(四) 上次晤談請當事人做的家庭作業，也要清楚，並在此次討論執行情況；(五) 此次晤談的初步計畫（可扼要寫下）或上次沒問的重要問題。

另外，諮商師在諮商現場，也要先排除可能的干擾或電話，以「準備好」的心態迎接當事人；在晤談時，要專心聚焦，不要恍神或想其他事，若不小心恍神了，要趕快回神。有時候當事人絮絮叨叨說了許多，諮商師可能覺得無聊，心思就很容易飄開，因此要敏銳覺察自己的狀況、適時做處理（例如：做摘要、喝口水、調整一下姿勢等），務必「回到現場」。

## 六、與當事人同頻

諮商師在整個治療過程中要注意與當事人的「同頻」(pacing)，也就是要清楚當事人的步調，並做適當配合。諮商師因為臨床經驗或受訓背景，通常較清楚當事人的問題，甚至知道該怎麼做可以造成改變，但倘若當事人還困在自己的問題裡，無法接納諮商師的建議，諮商師的催促或是提點都無法發生效用，我們可以將治療過程比擬是諮商師與當事人一起登山，諮商師因為經驗豐富，可能已經抵達峰頂，一直向當事人描述風景之宜人，但是當事人還在山下披荊斬棘，當然就無法體會或遵循建議。「同頻」的另一個意義是：諮商師必須要了解當事人所說的，同理其處境與心境，並作適當的回應。「同頻」不只是「同理」，而是可以調整步調與當事人「同行」，可以痛到當事人的痛，也與他一起掙扎。

## 七、當事人的情緒自然流露時，治療才開始

前來晤談的當事人，有時候預計不需要與諮商師談太久或太多次，然而當他／她發現諮商師願意借出耳朵，好好聆聽他／她的故事時，當事人會感受到諮商師的誠意與接納，願意對諮商師全盤托出自己的故事與想法，此時情緒（流淚、啜泣、憤慨、委屈等）就會自然出現。諮商師會冷靜、溫暖以對，因為此時治療才開始。諮商師在聆聽當事人的故事時，不是站在客觀超然的立場，而是隨著當事人敘說的情節有情緒的自然表現，當事人看在眼裡也會知道諮商師了解他／她，且與其同在。

## 晤談過程需注意細節

讓當事人喘口氣、休息一下。

告訴當事人很高興他／她可以過來，諮商師願意聽聽他／她的故事。

解釋一下諮商師的功能與專長，當事人的角色為何，雙方在諮商師室裡做些什麼。

請當事人開始述說，諮商師會用心、專注聆聽。

有些當事人不善於在陌生人前說話，可以藉由一些遊戲或牌卡來引發對話，或是找些有趣的事情做。

適當地做摘要與回應當事人所說的（盡量不要打斷當事人說話）。

問當事人曾經使用哪些方法試圖解決問題？

若問題獲得解決之後，當事人的生活會有哪些不同（試圖訂立諮商目標）？

規定或商議小小的家庭作業（延續治療效果）。

在諮商時間快結束時，請當事人或諮商師自己，將今天諮商時段中所談的內容做摘要，同時羅列出當事人的優勢（記得要舉出「證據」）。

約定下一次見面時間。

## 諮商師配合當事人步調

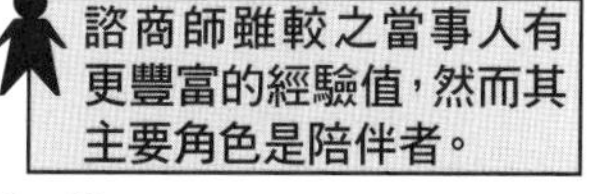

當事人才會覺得諮商師與其同在。

諮商師配合當事人步調，也是尊重當事人能力的表現。

諮商師雖較之當事人有更豐富的經驗值，然而其主要角色是陪伴者。

諮商師的同頻（tuning or pacing）與信賴，讓當事人願意為自己的問題負起責任。

諮商師適當的等候，可以讓當事人有休息、思考與做決定的機會。

諮商師不會因為急著催促當事人的進度而破壞治療關係與步調。

諮商師適當的引領，可以讓當事人持續往前進。

## 沉默的意義（整理Hackney& Cormier, 2009, p.26與作者的發現）

- 可以給當事人與諮商師思考與統整新的領悟或覺察。
- 可以是一種繼續談論或探索的邀請。
- 可鼓勵當事人聚焦在自我探索上。
- 諮商進程中已經少了焦慮，諮商師與當事人都可以越來越忍受沉默。
- 可以讓當事人承擔起在諮商關係中自己的責任。
- 可讓諮商師與當事人都有機會喘息一下。
- 可以讓當事人與諮商師整理一下自己的情緒。

**＋ 知識補充站**

有人說「情緒是打開心房之鑰」，在諮商現場的確是如此。當事人壓抑了許多的情緒與想法，在一位願意傾聽的人面前可以真實攤開，不害怕被評價、斥責或批判，此時他／她才會展露出自己認為的「脆弱面」。

# 單元 19 諮商歷程中的重要議題（五）

## 八、沉默的處理

諮商過程中會有許多沉默的空檔，有些諮商師因為個性使然，比較沉默，在治療上似乎花較多時間在傾聽，或做最低程度的反應，但是該做的還是會做。新手諮商師較不能忍受沉默，或許諮商師認為在晤談過程中自己是主角，若未能掌控諮商過程，就顯得自己無能，因此常常會焦急地找話說或問問題，這樣反而展現自己的擔心，也連帶會影響到當事人。沉默在諮商現場有其功能與意義，倘若諮商師願意按捺住性子、讓自己放鬆一下，思考一下沉默的意義，就不會覺得沉默難耐。有時候當事人較為被動，會讓諮商師認為自己應該主動一些，然而主動不一定要「多話」，急著填補與當事人之間的沉默空白，反而讓當事人也焦慮起來。

就像初認識的人，彼此為了避免尷尬，總是會害怕沉默，但是急著用話填補，反而沒有意義，相對地，若是知己好友，就較不擔心沉默。諮商師可以像好友一般看待沉默，在治療關係剛建立時，也可以詢問當事人剛剛不說話那段時間心情如何？會不會有哪些想法出現？這樣也可以安撫當事人不安的情緒。隨著諮商進展，諮商師就不必刻意去詢問沉默對當事人的意義，或是沉默期間的一些想法或感受了，而是可以敏銳覺察沉默當下當事人可能的心理動力。沉默有時候也是當事人正在思考、困惑，或是卡住的表現，治療師的經驗與敏銳度，可以讓沉默變成晤談更深入、坦誠的媒介。

沉默還有文化上的考量，像是一般而言，男性較女性沉默，因為沉默表示內斂、堅忍、獨立、疏離、威權等，是社會文化對不同性別的期許與養成方式，因此求助於諮商的男性較少，也有多人誤解諮商是「談話治療」（talk therapy），似乎較不適合男性。有些文化較讚許沉默少言，甚至是對若干族群（如女性或孩子）的壓抑；另外有些人是屬於較弱勢的「邊緣族群」，常處於不受重視、被欺壓的情況，因此也學會了以沉默來保護自己。「沉默」這個議題也會在團體諮商中提出，諮商師不管是在個別諮商或團體諮商的場域中，對於這些可能的文化因素要特別留意，謹慎處理沉默。

此外，有些當事人會以沉默表示抗拒，諮商師在治療過程中也需學會如何處理這類的抗拒行為。還要提醒一點的是，不是只有當事人有抗拒行為，治療師有時候會怪罪當事人不合作，或是對當事人有反移情的情況出現，也會用沉默表示，這一點就要靠諮商師自身的覺察與反省，才容易發現與改進。

**小博士解說**

新手諮商師較耐不住沉默，會急著插話或問問題，這樣無法讓當事人把話說完，也容易引起當事人的焦慮。因此諮商師需要學會沉澱自己、慢慢學會忍受沉默，沉默有其建設性意義，因此有時候也可以與當事人探索沉默的意義。

## 沉默的功效（Hackney & Cormier, 2009, p.26）

給予當事人有機會去思考或整合新發現的領悟或覺察

可以是一個邀請，讓當事人可以繼續討論或探索

可以提醒當事人在治療關係中負起責任的重要性

可以鼓勵當事人聚焦在自我探索上

## 沉默可以表達的意義（Hill, 2009/2013, pp.103~104）

沉默意義隨文化不同而有差異

表示諮商師是有耐心、不焦躁的

允許當事人有思考或反應的時間與空間

可以鼓勵自由聯想（通常用在精神分析學派）

挑戰當事人，讓其對所說的話負責

同理、溫暖與尊重

諮商師不知該說些什麼、焦慮、生氣或無聊時

## 處理沉默的方式

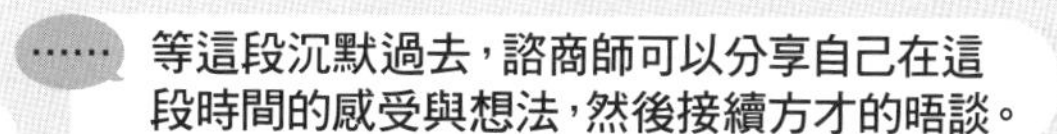

等這段沉默過去，諮商師可以分享自己在這段時間的感受與想法，然後接續方才的晤談。

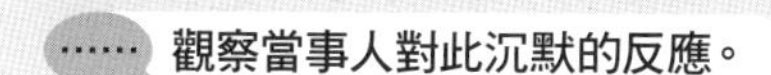

觀察當事人對此沉默的反應。

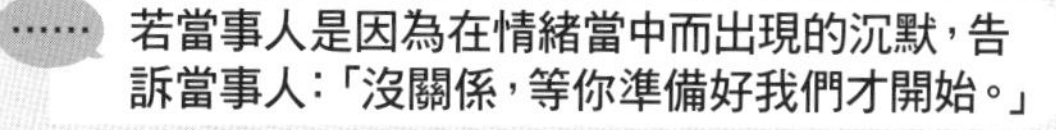

若當事人是因為在情緒當中而出現的沉默，告訴當事人：「沒關係，等你準備好我們才開始。」

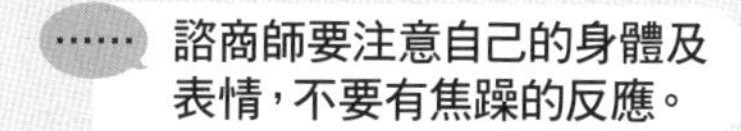

諮商師要注意自己的身體及表情，不要有焦躁的反應。

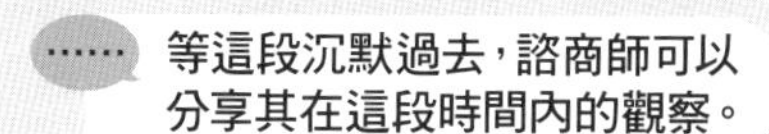

等這段沉默過去，諮商師可以分享其在這段時間內的觀察。

諮商師思考此次沉默的意涵為何？

不必急著打破沉默。

等這段沉默過去（如三分鐘至五分鐘），可以詢問當事人當時沉默時在想什麼？願不願意分享？

**+ 知識補充站**

新手諮商師在聆聽當事人說話時，常常會受到許多干擾，特別是「負向的自我對話」（Hill, 2009/2013, p.111），像是擔心自己表現不佳，腦中想著一些待問的問題，這些都會影響諮商師的專注與傾聽品質。

# 單元 19 諮商歷程中的重要議題（六）

## 九、文化能力

「心理健康問題最好從文化脈絡裡去了解，但是更重要的是要記得每個當事人都是特殊的個體」（Corey, 2001, p.37），在諮商現場，就是諮商師與當事人不同文化的交會。處於全球化的多元現代社會，諮商師自然也要跟上時代腳步，對於不同文化的理解，也是必要的。諮商師除了對於本身文化的了解與可能偏誤，還需要清楚當事人的一般文化，對當事人所經歷與解讀文化的特殊方式也要了解（Okun & Suyemoto, 2013, p.47）。倘若說每一個人都是一種文化——種族、性別、語言、出生家庭、社區環境、經濟情況、教育與生命經驗等——其實也不為過，因此諮商師除了自身經驗與訓練之外，還需要了解自己的文化背景、當事人的文化，才有可能做到尊重與接納多元，為當事人客製化適當的處遇方式，協助其做改變、解決面臨的問題，最重要的是能夠尊重與納入當事人的文化在諮商中，其效果加倍。有學者（Ivey & Ivey, 2001）認為所有的治療都屬於多元文化，倘若未能看到文化與脈絡的議題，事實上就是否認與壓迫那些求助者，因此心理學的第四勢力就是多元文化，也是現今諮商專業助人者不可或缺的能力。

由於諮商發源於美國，除了適文化的考量（對在地文化的適用性、須做調整或修正）之外，美國本土的治療師也提醒專業同儕，在多元諮商的一些挑戰，包括社會階級（因為諮商基本上是中產階級的思考）、性別（諮商是白人男性的觀點）、內在動力的觀點（像是佛洛伊德理論著重潛意識，另外也要留意外在環境力量的影響力）、性取向（基本上是異性戀取向）、刻板印象（對某一族群或團體不證自明的固定看法與偏見）、溝通問題（不同溝通型態與意義）、偏見、種族主義、測驗偏誤與錯誤假設等（Nystul, 2006, pp.151~160）。

諮商師在面對當事人時，自己內心裡有無一些偏見或先入為主的假設？像是對男性或男子氣概的看法、女性應該如何、子女對父母親的態度、閩南客家人的傳統、原民的生活習慣等等，這些都會影響諮商師對當事人的看法與治療關係，因此時時自我覺察與檢視是非常重要的。諮商師培訓過程中與文化素養較相關的課程有人類發展、多元文化與諮商、女性主義治療，基本上都是選修課程，無硬性規定，而諮商師面對不同背景（例如：性別、發展階段、族群、社經地位）的當事人與所需知能，就不是光靠課程可以滿足，需要自己去接觸、閱讀，讓自我覺察更敏銳、迅速。

我們一般對於「非我族群」者總是懷有戒心或不友善，許多是因為不熟悉或是既定刻板印象的結果，諮商師除了對於自身文化的理解外，需要主動去接觸與了解當事人所屬族群及文化，最好是站在「不知」、「好奇」及「願意學習」的立場，請教當事人。

## 治療師在諮商過程中容易發生的幾個文化偏誤
（Pedersen, 1988, pp.39~43）

- 以一種測量方式來評鑑「正常行為」
- 強調「個別化」或個體的發展
- 以某個學術領域（如社會學、心理學或人類學）來定義問題
- 仰賴抽象的語言
- 過於強調互相依賴與線性思考
- 忽略當事人的支持系統與歷史
- 聚焦在當事人的改變
- 拘泥於自己的文化思考（cultural encapsulation）

## 諮商師在面對不同種族或族群的當事人時，要注意以下原則
（Ridley, 2005, p.92）

- 發展文化的自我覺察
- 不要強加自己的價值觀在當事人身上
- 在面對他人時接受自己的無知
- 表現文化的同理
- 將對文化的考量納入諮商中
- 避免刻板印象的產生或套用
- 注意當事人在其主要文化中所扮演的角色
- 不要去責怪受害者
- 在選擇處置方式時保持彈性
- 檢視諮商理論中的可能偏見
- 將諮商建構在當事人的優勢上
- 不要保護當事人免於情緒的痛苦

## 諮商師多元文化議題檢視表（不限於此）

| 檢視項目 | 說明 | 檢視項目 | 說明 |
|---|---|---|---|
| 種族 | 對於不同種族或是膚色的人，我的對待方式會不一樣？例如：對白皮膚的高加索人比較親善、對膚色較黑的人（如印尼、南美或原住民）則是較不友善？ | 宗教或靈性需求 | 對方所信仰的與你／妳相同或相異而有不同對待方式？或是對方有無宗教信仰，都影響你／妳對他／她的觀感？ |
| 語言 | 對於不同說話腔調（或口音）的人會不會有不同對待或懷疑？像是喜歡ABC（美國出生的中國人）、不喜歡說話有臺灣腔的人？或是南部人會懷疑對方不是南部人？ | 城鄉地域 | 因為對方來自大都會而特別尊崇，或對方來自鄉村地區而有鄙夷？ |
| 價值觀 | 價值觀的同異會影響你／妳對此人之評價或態度。 | 年齡 | 會不會因為對方是年幼或老年而有不同對待？ |
| 性別 | 因為他與你／妳同性別而特別親近、疏離？不管你／妳的性別為何，會不會比較「尊重」男性而較不尊重女性？或者是你／妳認為哪些行為是「應該」屬於某特定性別的？ | 能力程度 | 會不會因為對方有身心障礙而過度同情或是鄙視？ |
| 性傾向 | 你／妳對於同／異性戀者有強烈個人意見嗎？或是你／妳不能接受性傾向少數族群？ | 教育程度 | 教育程度高低會影響你對待對方的方式 |
| 社經地位 | 對於社經地位高／低者而使用不同的語言或態度嗎？ | 長相或外表 | 因為對方的長相較清秀而「愛屋及烏」，或是因為對方長相平平而冷淡對之？ |

# 單元 20 治療關係中的重要事項（一）

## 一、抗拒

諮商過程中遭遇當事人的抗拒（resistance）是很自然的，這些抗拒也容易理解，畢竟一般人不喜歡求助、顯示自己是不行的，加上要向一位陌生專業人員求助，更擔心他人對自己的看法（所謂的「汙名化」）。當事人在諮商過程中因為不信任，或是與治療師尚未建立關係前，其抗拒想當然耳，而要在素未謀面的專家面前敘述自己受挫或不堪的經驗並不容易，諮商師若是理解這些，也就較能接受抗拒是諮商過程中的自然現象。有些當事人有過創傷經驗，即便是自己來求助，也帶著許多疑惑與恐懼，諮商師要設法緩解其抗拒、同時取得當事人的合作意願，就是考驗諮商師功力的時候。

「抗拒」是一種無意識地扭曲事實，藉由自動化與習慣性的反應，來減少情緒上的痛苦與衝突，一般在治療上將「抗拒」視為無助於治療效果的行為、有不同的表現方式（有的觀察得到、有些不能），但是抗拒有其目的，是可以用來逃避改變必須付出的痛苦代價。精神分析學派最早提出「抗拒」一詞，而其諮商目標也是以「修通」（work through）當事人的抗拒，接下來才可以窺見當事人潛意識之下的許多動力。

「抗拒」也可以是一種防衛機制，其主要目的是當個人在面對焦慮情境時，用來保留與保護自我的內在核心，「抗拒」是治療過程不可或缺的一環，適當地認識與探索是必要的，倘若治療師因為當事人的抗拒而煩擾，可能因此失去了與當事人做接觸與聯繫的機會。當事人常為了因應焦慮，往往使用不同的防衛機制，而這些防衛機制若過度使用或固著，也會造成當事人生活功能上的問題，因此治療師也需要知道當事人可能使用的防衛機制，以及因應當事人抗拒，增進治療效果的方式。

佛洛伊德提到治療師必須先處理當事人的「抗拒」，因為抗拒是阻止當事人進入潛意識的障礙，也就是個體不願意將以往壓抑或否認、具有威脅性的素材浮現到意識層面（Corey, 2009），因此必須先加以處置，進一步才可以針對問題做解決。一般的抗拒通常是出現在令人痛苦或是有威脅性的素材要說出或曝光之前，像是將要談到失戀或失婚經驗，甚至是創傷經驗時。此外，一般人對於「改變」會有自然的抗拒，因為不知道改變後會呈現怎樣的情況。

諮商師本身也會有抗拒，包括對當事人或議題的不熟悉，或者是不喜歡當事人，擔心當事人對自己的看法等，一般會將重點放在當事人的抗拒上，因為減少或修通當事人的抗拒基本上是治療師的責任。在多元文化的諮商場域，常常會因為不處理的抗拒，而導致治療師無意的歧視行為或態度（Ridley, 2005, p.144）。像是有些治療師見到不同性取向的人會不自在，就可以去思考自己焦慮之下是什麼樣的感受與思考？是因為恐同？當事人的表現牴觸了諮商師對「性別特質」的看法？還是害怕自己曝光？

## 典型的抗拒行為
（Corey, 2001, p.49; Corey & Corey, 2011, pp. 112~118）

- 總是表現出「是啊，可是……」的態度
- 非自願當事人
- 忘記諮商時間或常常遲到
- 諮商開始時不知道說些什麼
- 說一大堆無關緊要的事
- 抱怨諮商沒有用
- 諮商師給予回饋時表現得很防衛
- 沉默或是心不在焉
- 以情緒為掩飾或避免情緒的表現
- 將許多事件「智性化」（intellectualized，就是只做理性的解釋或反應）
- 努力想要討好治療師
- 常常說得很抽象、不具體
- 過度依賴諮商師或否認需要協助
- 表現出「被動—攻擊」（就是以間接方式傷害他人）行為

## 「抗拒」包含的共同要素（Clark, 1991, cited in Ridley, 2005, pp.66~67）

抗拒

- 無意識的動機
- 扭曲或否認事實
- 減少情緒上的痛苦
- 是自動化與慣性的反應

## 處理抗拒（Corey, 2001, pp.56~57）

❶將其視為治療過程中的一部分，可能是當事人尚未準備好處理此議題。
❷協助當事人去釐清抗拒的表現。
❸治療師必須要了解在諮商初期，當事人會有一些防衛與抗拒是自然的。
❹要去了解當事人的抗拒其實有許多意義，不要只將當事人的抗拒「個人化」（personalized）為自己無能的表現。
❺鼓勵當事人去探索不同的抗拒行為，而不是要求他們放棄抗拒。
❻治療師以「暫時性」（tentative）的方式或用詞說明自己的觀察、直覺與解釋，而不要做專斷的陳述或結論。
❼避免標籤或批判當事人，而是採用描述行為的方式進行，讓當事人知道他／她的行為影響到你／妳了。
❽要分辨清楚到底抗拒是出自當事人？還是治療師本身對於當事人抗拒的反應？要監控自己的反應，以免讓當事人的抗拒更強烈。
❾以正向的態度面對抗拒。
❿允許當事人表達他／她對你／妳這位治療師的不好經驗或感受，也許詢問他／她要以怎樣不同的方式進行較自在？
⓫讓當事人知道你／妳會怎麼做以達成真正的「知後同意」，讓當事人可以充分運用諮商這個協助管道。
⓬要讓當事人知道諮商也有其缺點，也許在剛開始時並不順遂，但是彼此都可以從中獲得許多學習。
⓭與當事人盡量達成問題或諮商原因的一致陳述，讓彼此有共識，然後盡量用可以處理的小步驟，慢慢解決問題。

**＋ 知識補充站**

諮商師切記不要將當事人的防衛或不合作「個人化」（認為是針對治療師而來），而是接受抗拒或防衛是自然且正常的，去感受與思考當事人的立場，自然就可慢慢學會不同因應之道。

# 單元 20 治療關係中的重要事項（二）

## 一、移情與反移情

佛洛伊德理論中很著名的是「移情」（transference）這個觀念，後來延伸出來的還有「反移情」（counter-transference），談的是治療關係與治療重點。「移情」是在許多關係中都會發生，而在諮商現場指的是當事人對於過去（或是期望）重要關係的重複幻想，而將其情緒反應投射在治療師身上，也就是指當事人把過去對生命中重要人物的情緒或想法「轉移」或「投射」到治療師身上，將治療師當成那些重要他人（significant others），自由發洩其情緒，而相對地，「反移情」就是指治療師對當事人的移情現象。

在精神分析治療中，諮商師是一個沒有聲音與名字的「白板」，讓當事人很直接地反映其情緒與印象，使當事人有所「宣洩」之後，才可以進入到後期的治療工作，而「移情」基本上是扭曲的。經由這樣的「移情」過程，可以讓當事人將潛意識裡所隱藏的一些深刻情緒與想法發洩、表達出來，也就是將潛意識「意識化」，可以讓當事人最後有所「頓悟」，也解除了原先潛意識裡的神經質衝突。

「移情」也可視為是當事人將過去的關係拿到當下的脈絡裡呈現，治療現場就成為「現場實驗室」（live laboratory），當事人可以展現過去與重要他人的關係，而以諮商師為實驗對象。當事人的移情表現有：將治療師當成某人、過度依賴、沒有界限、對諮商師發怒、愛上諮商師等。「移情」會出現不同形式，主要還是靠諮商師自己的觀察與覺察，像是當事人可能對諮商師有扭曲的想法（例如：「理想父母」、「不能信任」）、視諮商師為完美的人、對諮商師有不合理的要求（例如：要諮商師為其做決定）等。在處理當事人的「移情」時，諮商師同時要檢視自己對此行為的反應為何，就可以開始了解當事人對於生命中重要他人的反應如何了！但也不要毫無分辨地將當事人所有情緒表現都當作是「移情」（Corey, 2001），因為有些情緒是很真實的，並非移情現象，反之，站在諮商師的立場，有些情緒反應也並非反移情。

在一般治療關係中，現在也會注意這些移情關係。對諮商師來說，當事人的移情可以讓治療師更了解當事人（尤其是與重要他人或創傷事件），而諮商師藉由自己的反移情覺察，更清楚自己可能的「未竟事務」是否會影響治療關係與專業，同時也了解自己對於當事人的感受與想法。「反移情」也可能會造成諮商師的「同理疲乏」（empathy fatigue），治療師常常曝露在當事人的痛苦遭遇與情緒之中而失控或迷惘，甚至有情緒解離的情況發生，特別是指那些沒有察覺到個人未解決議題的治療師。

「反移情」也並非都是有害的，諮商師不妨將這些受到當事人所引發的情緒當成了解自己、當事人與治療關係的一個管道，這樣的反移情可能具有正面效果。適當的自我揭露（例如：「你讓我想起曾經認識的一個人」），也是解決反移情的一種方式，因此諮商師對自己的了解、自我監控，都可以讓反移情的負面影響削減（Corey, 2001）。

## 諮商師可能的反移情

## 諮商師本身議題可能引發的反移情（DeLucia-Waack & Fauth, 2004, p.139）

- 對權威的反應
- 衝突與氣憤
- 自戀的需求

- 文化價值
- 需要過度掌控

- 家庭議題與分離——個體化需求等

## 對治療有礙的反移情（Kahn, 1997, pp.131~135）

- 可能會阻礙諮商師對某重要領域做進一步探索
- 利用當事人來滿足諮商師自己的需求
- 讓諮商師做出一些動作去影響當事人
- 諮商師做出不符合當事人福祉的處置
- 讓諮商師陷入當事人所移情的角色

**+ 知識補充站**

Corey 等人（2007, pp. 143~144）認為，治療師的多元文化能力包括：（一）治療師對自我所屬文化價值觀與偏見的覺察；（二）了解當事人的世界觀；（三）發展適文化的介入策略與技巧。

# 單元 20 治療關係中的重要事項（三）

## 二、建立同盟

諮商師需要與當事人建立良好關係（所謂的「同盟」或「工作同盟」），當事人才有意願與諮商師合作，改變也才有可能。諮商師要讓當事人覺得是與其站在同一邊、願意一起努力，而不是只在一旁觀望。同盟的建立需要彼此有情感的連結，有共同目標與努力的方向或任務。情感的連結是諮商師以同理、真誠的態度，接納與認同當事人，不是以悲憫或倨傲的態度待之，當事人覺得諮商師的確了解其處境與感受，才會卸下心防、接著與諮商師合作。諮商師與當事人會一起設立目標、行動計畫，然後逐一、漸次完成，因此所謂的「同盟」是有目的需要達成的。

我們平常會說「有關係就沒關係」，關係好、所提的建議也較容易被接受。同盟關係的建立很重要的是「真誠」這個元素。我們在一般的人際關係中，許多是爾虞我詐、各有其利益動機，不一定是真實、可以深交的關係，有時候連親密的家人之間也是如此。諮商師的「透明」、「一致」，讓當事人可以不需要戴上面具、與人做真實接觸，也可以展現真正的自己；諮商師適時適當的「自我揭露」也有助於自身的透明度與真誠，至少在諮商現場，治療師與當事人之間是可以不虛偽、假裝，建立真正、有意義的關係。諮商師的自我揭露是要向當事人展示真實、坦誠與人性化，讓當事人知道過來人的掙扎與感受，或有助於其處理目前遭遇的困境，也會讓當事人覺得與諮商師更靠近、促進諮商關係，而「立即性」也是自我揭露的一種（Kottler & Kottler, 2007/2011, pp.70~71）

當然，諮商關係也是一種人際關係，因為關係是動態的，因此會有變化，而且當事人與諮商師不免會將自己在外面世界的人際互動模式，或者是在人際間曾經發生過的創痛帶入治療場域，因此當事人也會不時測試諮商師以及治療關係，諮商師也可以運用「立即性」技巧，檢視或釐清諮商關係。當事人因為不熟悉諮商，或不信任諮商師或諮商功能，也會不時挑戰諮商師，諮商師正向、客觀及同理地看待這些挑戰，就不會輕易發怒，或認為當事人是針對自己而來。在諮商情境中，當事人也會展現自己的人際風格或做法，諮商師的細膩觀察與適當回應，不僅更了解當事人，同時也可以示範讓當事人看見正向、健康的人際關係。

如前所述，倘若當事人清楚諮商過程與其扮演之角色，就可能更願意與諮商師建立工作同盟，一起朝向目標努力，諮商效果也越佳。

**小博士解說**

「立即性」就是一種開放、與當事人分享的情況，以「暫時假設」的語氣表達，像是觀察到當事人表情與所敘述內容不一致，就可以用「立即性」技巧，不帶批判地描述其行為，以為澄清或關切。「立即性」可以讓諮商關係搬上檯面檢視，也可能引發更深度的討論、當事人的自我探索。

## 自我揭露的目的

（Nelson-Jones , 2005, p.162; Hills, 2009/2013, pp.239~240）

- 示範有效技巧
- 讓當事人可以在沒有威脅的情況下聽聽自己的經驗
- 希望可以提供當事人新的觀點
- 以自己的相關經驗來協助當事人了解自己沒有覺察到的部分
- 將當事人困擾「正常化」
- 可以讓助人關係的權力趨於平衡
- 示範平等或人性化治療關係
- 給予當事人鼓勵或保證

## 當事人測試治療關係的行為（不限於此）

- 遲到
- 請假或缺席
- 一直不斷說故事
- 問諮商師喜不喜歡他／她
- 刻意討好諮商師
- 希望與諮商師在其他場合見面
- 有誘引或性暗示諮商師的舉動
- 詢問有關諮商師的私人事項
- 無故對諮商師發脾氣
- 與諮商師爭論

## 不同學派對治療關係的重視

| 學派 | 治療關係 |
|---|---|
| 精神分析 | 治療關係就像子女與原生家庭父母或主要照顧人建立的滋養、依附關係。 |
| 人本學派 | 治療關係是當事人改變的關鍵。 |
| 阿德勒學派 | 平等而民主的治療關係是有效促成當事人改變的關鍵。 |
| 女性治療 | 平權而民主的治療關係是解構父權社會影響的第一步。 |
| 行為學派 | 良好的治療關係是對當事人的正向增強。 |
| 現實學派 | 諮商師的「涉入」奠基於諮商師可以有效連結當事人的能力。 |

**+ 知識補充站**

佛洛伊德的精神分析治療以「自由聯想」與「夢的解析」為治療工具，協助當事人「修通」（work through）抗拒與移情，做適當的詮釋，當事人獲得頓悟之後，就會產生改變。

# 單元 20 治療關係中的重要事項（四）

## 三、維持健康與彈性的界限

「界限」（boundary）一詞源自家族治療，講的是人際之間心理的一條線，看不見、摸不著，但是的確真實存在，它是保護與規範我們與別人之間的關係。彼此間的界限如果是「糾結」（enmeshed）的，表示界限不明、彼此可以互相穿透，呈現的就是混亂與緊密連結，這可以表示彼此的關係親密，但是若沒有限制，個人則會覺得沒有自己的空間（甚至沒有自我的獨立性），像是若親子之間是「糾結」的界限，家長企圖控制子女的生活，也會控制其交友關係，就是「撈過了界」。另一個極端是「界限僵固」（disengaged），彼此之間界限明顯、不可跨越，造成彼此關係不親密，孤立、彼此似乎無關聯，父母無法提供有效的支持給孩子（Nichols, 1992, pp.280-281; Nichols, 2010, pp.33~34）。

我國傳統上所說的「親疏遠近」，或是生物學上的「勢力範圍」，就是界限的描述，主觀上我們對於與他人的關係、願意對方靠近的程度，都會有一些設限。對於自己喜歡或親近的人，我們的界限會較有彈性、偶爾容許其跨越；但是對於不喜歡的人界限則是較為僵固、不讓對方逾越，然而也因為關係是流動的，因此也需要不時做調整。彈性的健康界限，不僅讓我們保有獨立自主權，也可決定與他人親近的程度。沒有界限或界限模糊（界限「糾結」），雖然保有了與人的親密感，但同時也失去了自我與獨立；反之，界限太僵固，雖然保有自我獨立性，卻也犧牲了親密感。諮商或治療關係也是一種人際關係，有時候諮商師害怕當事人太過依賴，所以將界限劃分得很清楚，但是會讓當事人覺得不近人情、冷酷疏離。有些諮商師則是與當事人太靠近，只要當事人提出要求，都會有求必應，這樣的做法也失去了客觀性。

有些諮商師很擔心當事人太仰賴自己、失去自主性，所以表現得很「客觀」、「理性」，甚至「冷漠」，這樣的自我設限，反而容易失去當事人的信任，接下來的諮商就會困難重重、當事人容易流失。有些諮商師表現得太急於協助、太親切與溫暖，反而會嚇到當事人，或認為諮商師無能力處理，這兩個極端都不是諮商師所樂見。許多當事人可能不方便或地處偏遠，現在也有「行動諮商師」可以到府服務，或是許多機構也提供外展（reach-out）服務（到社區或當事人居處），讓服務更到位。

諮商師希望與當事人建立信任關係，但同時又不希望當事人太過仰賴自己，因此需要依情況調整與當事人的關係。通常在諮商初期，治療師較容許當事人跨界、諮商師自己也會偶爾跨界一下，也就是諮商師承擔較多的責任。但是隨著諮商進程，諮商師學會慢慢放手，責任回到當事人身上，因為當事人是改變的主角。

**小博士解說**

「界限」是維持獨立及與人關係的重要觀念。與人太親近、界限模糊，可能就失去了自我與獨立；相反地，若與人太疏離、界限僵固，維持獨立卻失去了與人親密。

### 諮商師關係型態的面向（Okun & Suyemoto, 2013, p.68）

### 諮商中可能有的界限問題

### 諮商師如何運用「自我」（邱珍琬，2007, pp.209~213）

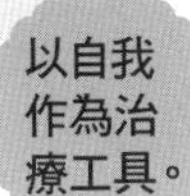

### 有效諮商（Lambert & Cattani-Thompson, 1996; Lambert & Ogles, 2004, cited in Henderson & Thompson, 2011/2015, p.3-3 ）

- 協助當事人探索和重新思考問題
- 為諮商提供有說服力的理由
- 當事人對進步產生希望感
- 諮商師能激發當事人去解決問題

**＋ 知識補充站**

家庭治療師 Minuchin（1974）認為，家庭成員的界限必須要清楚界定，這樣不僅可以容許次系統的成員執行自我的功能、不受到過多的干擾，同時也可以讓個別成員與次系統間有適當連結，而每位成員間的界限彈性與開放程度不一，主要是依彼此關係親疏程度來決定，一般人際關係也是如此。

# 單元 20 治療關係中的重要事項（五）

## 五、諮商師面對轉介的當事人

許多諮商師在面對被轉介來談的當事人，常常會搞錯「諮商目標」。當然許多被轉介過來的當事人經常是「來訪者」（就是不認為自己有問題的人）或「抱怨者」（就是告訴諮商師別人有問題），因此會有許多的抗拒與不情願。諮商師最容易犯的錯誤是：將轉介人的目標當作諮商目標、忘記被轉介的當事人本身。例如：家長帶孩子來見諮商師，希望諮商師可以協助讓孩子乖一點、用功讀書，請問諮商師應該滿足家長的期待嗎？教師轉介學生到輔導室來，希望諮商師改掉孩子偷竊的習慣，這是諮商目標嗎？雖然被轉介過來的當事人有時候也會認同轉介人的觀點，但是諮商師需要去思考：怎樣才是為當事人的最佳福祉著想？當事人自己的目標為何？

因為當事人是被轉介而來，有時候只是因為他／她犯了錯，或是其他人認為他／她應該要負起責任，因此要他／她來找輔導老師或諮商師，其背後基本的想法是要諮商師或輔導老師「修好」當事人，而當事人在這樣的情況之下見諮商師，自然心裡不服，其抗拒性也會較高，增加建立諮商關係的困難度。諮商師最好的做法是讓當事人有機會完整說出他／她的故事（因此真誠傾聽很重要），將此次晤談當作最後一次，同時要看見當事人的優勢（針對此次晤談所見），將其傳達給當事人〔這並非要刻意討好當事人，而是讓當事人也看見自己的優點與能力（賦能）〕，讓當事人對諮商求助有正確觀點，往後有機會也可以善用此協助資源。焦點解決諮商將每一次與當事人的晤談當作最後一次，意思是指：諮商師要卯足全力協助當事人，也讓當事人有很好的晤談經驗。

有時候是因為危機情況，所以當事人才被轉介過來，諮商師就必須要做評估與適當處理，而且要追蹤一段時間，等到危機解除為止，這些都是非常具體、確切的動作。即便經過了許多努力，當事人仍然不想跟諮商師談話，諮商師也不要焦慮，多做一些同理動作，也感謝當事人願意前來；不需要強留當事人，也不需要展現威權、讓當事人就範（記得讓當事人有很好的諮商經驗），同時提醒當事人諮商師的工作為何、有需要時可以前來。對於年齡較小的當事人，可以花時間多了解他／她一下，甚至與他／她一起玩遊戲（在遊戲進行時談話更佳），或是將他／她當作資訊提供者，讓諮商師更了解像他／她這個年紀的孩子在學校與一般生活情況如何，有些諮商師還可以請教當事人目前大家最流行的遊戲或喜歡的影集為何，慢慢從這些互動中了解當事人。當事人若是男性，或年幼者，比較容易在遊戲中卸下心防、願意說話。

## 如何暫時留住可能的（轉介）當事人

- 提供小點心或水，讓當事人減少緊張感。
- 諮商師說明自己的角色與教師不同，主要是要從當事人口中了解發生了什麼事。
- 讓當事人了解諮商過程。
- 讓當事人說自己這方面的故事。
- 以需要給轉介單位或教師交代為由。
- 告訴當事人現在花幾分鐘談談，可避免往後的麻煩。
- 諮商師的態度很重要。
- 從焦點解決的角度，讚美當事人今天出席，以及諮商師看見的當事人優勢。
- 讓當事人留下與諮商師晤談的美好經驗或印象。

## 諮商師需要做轉介動作的時機

- 當事人同時需要其他專業（例如：身心科醫師、社工人員、諮商師）或單位（如醫療、社福、家暴中心）的協助時。
- 諮商師企圖協助，但是發現非自己專業能力可及。

- 諮商師需要離職或遷往他處，不能繼續提供當事人服務。
- 諮商師認為自己接案有違當事人福祉（例如：與自己有血緣關係或關係密切之人）。

註：即便是諮商師要離職，也需要取得當事人同意才可做轉介動作。

## 危機處理原則（Ivey, D'Andrea, Ivey, & Simek-Morgan, 2002, cited in Lewis, Lewis, Danieles & D'Andrea, 2011, pp.95~96）

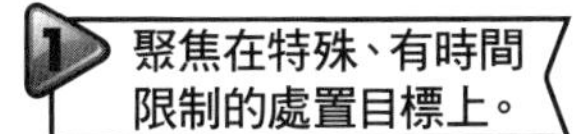

1. 聚焦在特殊、有時間限制的處置目標上。

2. 協助當事人釐清與正確評估他們擁有的資源與壓力源。
3. 協助當事人發展更有效、適應的問題解決機制，讓他們可以回復到原先的功能。

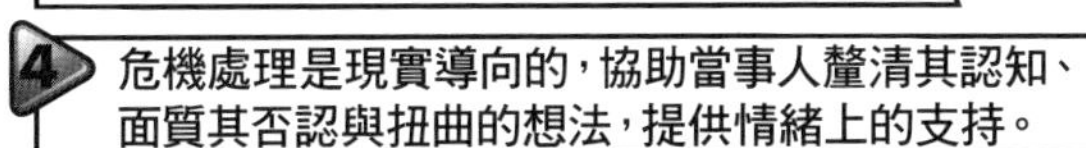

4. 危機處理是現實導向的，協助當事人釐清其認知、面質其否認與扭曲的想法，提供情緒上的支持。
5. 若與不同文化或背景者工作，處理策略盡量包括當事人現存的支持系統，讓因應策略可以更有效。

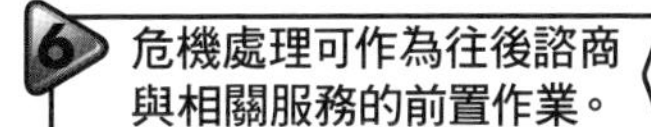

6. 危機處理可作為往後諮商與相關服務的前置作業。

**＋ 知識補充站**

Bowen 認為人類關係受到兩種驅力——「個別化」（individuality）與「共聚性」（togetherness）的平衡所影響，也就是人需要獨立，也需要與人有聯繫，因此需要學習在情感上可以處理這兩種驅力。

# 單元 21 基本諮商技巧（一）

本單元針對諮商師的基本技巧做介紹，包括最低限度的反應、重述、摘要、情感反映、釐清、解釋、問問題、正確同理、自我揭露、回饋、資訊提供或建議、重新架構、挑戰或面質等。

## 一、最低限度的反應

諮商師在聆聽當事人敘說自己的故事或問題時，需要做一些反應，以免當事人認為諮商師沒有在聽，這當然也涉及諮商師的個性。有些諮商師較被動，不會經常表現出一些動作，有些甚至久久才出聲，偶爾就會受到當事人誤解，以為治療師沒有認真聽，或是未將當事人的問題認真看待，當事人或許因此不再出現，而有所謂的「最低限度的反應」需要做出來，就如同之前所提的傾聽或是專注的動作一樣。所謂「最低限度的反應」，像是眼神接觸、點頭、微笑（表情）、手勢或「嗯」、「啊」等「前語言」，主要是表示「我在聽」，還可以給予當事人輕微的鼓勵。最低限度的反應通常是諮商師最容易做到的，也是最自然的反應，在適當時機做出應有的反應，就傳達了諮商師的真誠與用心。

如果諮商師認真傾聽，自然臉部會有表情、肢體會有一些動作，當然也要注意不要有太多前語言出現（像是動輒就「嗯」、「喔」），出現頻率太高也會讓當事人覺得不舒服，好像是諮商師刻意為之，或是諮商師的習慣。

## 二、重述語句

將當事人方才所敘述的內容，用諮商師自己的語言做簡單重述，倘若只是將當事人所說的像鸚鵡學話一樣重複，一兩句還好，若總是如此，不免會讓當事人覺得治療師只是重複他／她所說的而已，並不是真正了解，就如同一般家長常常吩咐一些事情給孩子，問孩子知不知道，孩子就將方才父母親所說的重複一遍，但是卻沒有聽進心裡一樣，因此這裡特別強調諮商師必須要用自己的話，把剛才聽到的內容透過自己的語言，再說出來讓當事人聽到，因此雖然經過治療師自己轉譯，但是傳達給當事人兩個訊息：一是治療師「聽到」了，二是可以讓當事人檢視自己所說的內容是否真正被諮商師所了解。

語句重述的技巧可以表達諮商師的同理，主要有四個步驟（Hackney & Cormier, 2009, p.77）：（一）回想當事人所說的；（二）確認重要內容；（三）重述重要關鍵詞或建構；（四）檢視當事人的感受。探索當事人想法時運用重述技巧，可以讓當事人：聽見他／她自己的想法，開始理解自己的反應，深入思考自己所關切的議題，也提供當事人機會來討論問題的不同面向（Hill, 2009/2013, p.118）。許多情況下，諮商師做了重述動作之後，當事人對於自己的想法更清楚，甚至有了解決問題的方式，諮商師並不需要額外的介入處置，這也符合了諮商的基本精神——當事人是有能力的。

## 重述的功能（Hill, 2009/2013, pp.119~121）

協助當事人探索與說故事。

當事人可聽見自己所述內容的重點，並做深入思考或探索未曾思考的面向。

諮商師不批判地「鏡映」(mirror)當事人所說的內容。

讓當事人有機會從他人角度看事情。

適用於認知導向之當事人。

讓當事人有機會澄清自己所說的是否真確地被諮商師所接收。

## 使用重述技巧注意事項（Hill, 2009/2013, pp.121~125）

- 不僅是重述當事人已經知道的，同時也讓當事人發現問題。
- 選擇重要線索做重述，而不是毫無選擇或做全部內容之重述。
- 使用當事人中心的態度，不批判。
- 重述重點要放在當事人身上。
- 重述也讓當事人有機會去對諮商師所說的可能錯誤做澄清。
- 使用不同方式之重述，盡量讓重述簡短。
- 重述之功能是協助當事人探索與說故事，焦點是在當事人身上。

## 重述的禁忌

盡量以諮商師自己說的話做重述，不要將當事人所說的全盤又再說一次。

非必要不要經常使用。

有些重要字句可沿用當事人所使用的(例如:「氣得冒火」、「還是捨不得」)，有些可以做稍微修潤(例如:「會想傷害自己」、「氣得想說X話」)。

註:新手諮商師做重述的機率較高，可思考不同的重述方式。

### ＋ 知識補充站

諮商師以自己的話語做重述，若有當事人所提的重要關鍵詞，則適時做插入，這樣的做法可以傳達諮商師對於當事人所說的了解多少？有無誤解需要釐清？最重要的是讓當事人知道「諮商師在專心聆聽」。

# 單元 21 基本諮商技巧（二）

## 三、摘要

通常當事人會將事情始末做陳述，內容可能很紛雜，諮商師可將其重點做摘要，並陳述給當事人聽，同時為當事人做統整、組織的動作，除了讓當事人確認內容無誤或無疏漏之外，也協助當事人將敘述的事件做提綱挈領的簡要說明，這當然也表示諮商師是用心聆聽的。不管是重述語句或是摘要，都讓當事人體會到諮商師用心傾聽的努力，有被認可與接納的感受，這也是建立治療關係最重要的元素。「摘要」也是重述的一種形式，諮商師藉由統整當事人所敘說的內容做重點整理，說出來讓當事人知道。摘要的動作也可讓當事人做，像是單次晤談快要結束時，其功能也是讓當事人將今日所談做言簡意賅的總結，可以協助其組織自己的思緒，有助於其覺察或頓悟，而諮商師也藉此了解當事人所理解的是否正確。

## 四、情感反映

情感反映就是將對當事人外表的觀察（肢體、動作、表情、說話情況等）、語言表達的內容中所展現的情緒說出來，讓當事人知道（這也是最粗淺的同理心）。當事人可能搓揉雙手（焦慮或緊張）或握拳（憤怒）、言詞頓挫（表達困難或不知如何說明）或遲疑（擔心）、表情僵硬（害怕或恐懼）等，這些訊息都可以讓諮商師明白當事人當下的情緒如何。例如：「你／妳似乎有點緊張或害怕？」反映出可以觀察到的情緒給當事人知道，算是「初層次同理」，進一步還需要站在當事人立場（內在參考架構）去感受其感受、思考其思考，甚至知道當事人因而採取的行動，才算是「深度同理」，也就是將自己設想在當事人的位置與遭遇，去擬同自己可能有的感受與思維，然後表達出來讓當事人聽到。諮商師通常不會只做情感反映，而是在做摘要或重述時，同時有情感反映的動作，像是：「你覺得很困惑、焦慮，因為對方好像給你希望，卻又同時好像在拒絕你，讓你不清楚她到底對你是怎樣的態度。」

## 五、釐清

有時候當事人表達不夠清楚，或是諮商師可能會錯了意，就需要用「釐清」／「澄清」技巧，像是：「我有點糊塗了，剛剛你／妳提到的是多年的好友，怎麼現在說的是你／妳的兄弟？」（內容的澄清）或：「聽了你／妳在情感上被背叛的故事，你／妳應該覺得很氣憤，可是你／妳似乎沒有這樣的情緒。」（情緒與內容的澄清）偶爾也會有當事人與諮商師的用詞一樣，但是要表達的卻不同，像是當事人說：「我很擔心自己會失常。」諮商師問：「是表現不像平常那樣、所以失常？」當事人道：「就是別人認為我不正常。」諮商師面對的是當事人，然而當事人有時候會提到重要他人或其他人的想法，此時諮商師就需要做釐清，像是「你當初是怎樣的想法？」而不是問「當初你母親是怎麼想的？」

## 使用摘要的時機（Culley, 1991, pp.45~46）

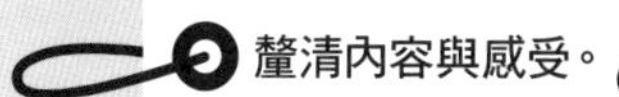

釐清內容與感受。

將在諮商中所談做一次回顧。

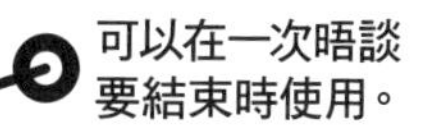

可以在一次晤談要結束時使用。

可以在新的晤談開始時使用。

列出優先次序與重點。

讓諮商更往前一步。

## 情感反映三步驟（Ivey & Ivey, 2008, p.78）

| | 步驟 | 功能 |
|---|---|---|
| 1 | 認出當事人的感受或語調 | 了解當事人的情緒是打開心房的第一道鎖。 |
| 2 | 選擇適當詞句來形容那些感受 | 能將當事人內在的感受用對方了解的適當詞語說出。 |
| 3 | 將你的覺察與感受反映給當事人聽見 | 站在當事人立場，貼近當事人的內心感受，要讓當事人知道諮商師聽見且了解。 |

## 釐（澄）清的動作使用在何時

- 當事人一下子說了太多內容。
- 諮商師一時之間恍神，沒有仔細聽清楚。
- 諮商師不清楚當事人說的是自己還是他人。
- 諮商師企圖將當事人與他人的責任做區隔。
- 當事人的思考較跳脫，可能馬上從A說到B。

**＋ 知識補充站**

諮商師少問「為什麼」的問題，因為通常當事人會找藉口或理由卸責，這是完形學派的看法，而諮商師可常問「5W」的問題：是什麼（What）、在哪裡（Where）、是誰（Who）、何時（When）與如何（How）。

# 單元 21 基本諮商技巧（三）

## 六、解（詮）釋

諮商師收集到足夠的資訊時，可以做暫時性的解釋，精神分析學派的做法是能夠連結當事人過去經驗與現在的評論。解釋當然不能以諮商師的解釋為唯一，當事人可以不同意，只是將其當作參照。詮釋除了要注意當事人的準備度之外，還要遵守適時及由淺入深的原則（Corey, 2005, p.71），若治療師所說的內容引起當事人的困惑時，也可能需要做解釋。「解釋」也可以是深度的「詮釋」，像是與當事人幾次晤談之後，可以說：「聽起來你／妳是一個很ㄍㄧㄣ的人，即便是知道自己需要求助，卻還是放不下身段。」因為是「暫時性」的解釋，所以可以由當事人自己去做認可或否定。一般情況下，諮商師在探索與收集資料階段，較少使用解釋的技巧，因為治療關係尚未穩固，而所知道的又太少，若是妄加解釋，可能會犯錯誤，甚至讓當事人認為諮商師躁動，在未清楚事情全貌之前就下論斷，也就不會信任治療師，可能會提早結束治療。

## 七、問問題

探索階段很重要的是收集當事人與其關切議題的相關資訊，最簡單的方法就是問問題，但是該如何問問題，或是問怎樣的問題，甚至是怎樣問才能讓當事人願意說出或詳述，也是非常重要的技巧。

諮商師不要將諮商過程變成「拷問」，或是以一連串的問題來「轟炸」當事人，許多當事人會因此而卻步，尤其是面對年紀較小的當事人或青少年，治療師若總是問問題，當事人很容易回以「不知道」或是沉默以對，就會讓諮商師感到非常挫敗，因此該在何時或是如何問問題就非常重要。

一般情況下我們不太會鼓勵諮商師問問題，尤其是一些封閉性（對方只能回答「是」或「不是」及「有」或「沒有」）的問題，然而在緊急情況時，諮商師還是有必要問封閉性問題（例如：「你想過傷害自己嗎？」）。除了諮商師意識到當事人可能處於危險情況之外，最好多多使用「開放性」問句，不是只回答「是」或「否」的答案，會讓當事人無法選擇，或隨便選一個，而且這樣的回應很膚淺，也得不到重要資料。問問題所用的詞語，也需要考量當事人的發展或教育程度，有時候用詞太艱深，當事人在不了解的情況下也會隨意回答。另外，最好不要問「雙重否定」的句子，讓當事人摸不著頭緒（例如：「不要因為你不是小孩而忽略你」）或「複雜句」（就是一句話裡有太多東西要回應，例如：「萬一不如你預期的情況發生時，你是怎麼想的？該怎麼辦？會不會擔心？」）。

有時候當事人不知道該如何表達，可以請其用隱喻方式，像是不知如何形容與女友間的問題，諮商師請其打個比方：「那麼你們之間的關係像什麼？」諮商師就可以依據當事人所說的隱喻去做猜測與描述。即使是使用開放性問題，其焦點仍應在當事人身上（Hill. 2009/2013, p.128），不要轉移到其他人或諮商師身上。

## 使用詮釋注意事項（Brems, 2001, pp.282~283）

- 要在治療關係穩固後才做。
- 要在運用一些認知策略成功後才使用。
- 要以尊重、溫和的方式詮釋。
- 詮釋時要注意「具體」與「直接」的原則。
- 要減輕當事人可能的防衛或抗拒。
- 詮釋應針對不同當事人量身打造。
- 應針對當事人的「整個人」（而非「部分」）做相關與尊重的詮釋。
- 只做部分的詮釋可能會失焦，也造成當事人對於治療本身或諮商師的誤解。
- 若當事人在認知彈性與客觀程度上，或抽象思考方面尚未具備適當能力時，使用詮釋可能事倍功半。

## 問問題須注意事項

- 用詞簡潔，不要一下子問太多問題。
- 問開放性問題。
- 問具體的問題。
- 可以用比喻或打比方的方式。
- 可以使用手偶或演戲／角色扮演的方式。
- 可以藉由繪本、電影或其他適當媒材。
- 適當使用挑戰或面質。
- 運用「語句完成」或是畫圖方式，同樣可以達到問問題的效果。
- 少問「為什麼」。

## 開放式問句的目的（Hill, 2009/2013, p.126）

- Why? 讓當事人探索問題的多面向
- Why? 可澄清當事人之想法
- Why? 澄清或聚焦之用
- Why? 引導當事人思考新事物
- Why? 協助當事人對衝突之想法或感受理出頭緒
- Why? 為無法清楚說明之當事人提供架構
- Why? 表現諮商師跟得上當事人
- Why? 讓當事人覺得諮商師有興趣要了解他／她，鼓勵他／她繼續說下去
- Why? 在當事人不知道要說什麼時提供方向
- Why? 適當使用隱喻

# 單元 21　基本諮商技巧（四）

## 八、正確同理

要達成「正確的同理」不容易，這也是諮商師需要努力的方向。我們一般在聽人說話時，往往是用身體語言或是一些語助詞（例如：嗯、啊、唉等）來表示我們在聽或了解的反應，較少以自己的語言將所聽到的感受與想法說出來，因此同理心可以是前面一些技巧的組織與整合，只是其情感反映部分是包含了初層次與深度情感反映。

運用同理心技巧，就如同演員進入劇中人物的靈魂裡，彷彿自己就是那位主角，然而只是體會當事人的感受或想法還不夠，治療師會進一步將其表現或表達出來。在接受諮商師訓練時，或許授課教師會將同理心分為三個步驟（如右圖），然而這只是為了訓練方便之用，實際上這三者是整合在一起的，也就是說表達同理時，會將所聽到的故事「以自己的語言」做「扼要摘錄」的同時，也將隨著故事或事件發展的當事人情緒很自然地道出。

同理心需要練習，才成為自己能力的一部分。有些人對於他人的處境很容易設身處地，有些人則較難進入他人立場去感受與思考。想想自己若是站在對方的立場、有這樣的經歷，是不是比較容易感其所感、思其所思？諮商師的正確同理，才可能打開當事人的心房、讓其真實情緒流露，這才是治療的開始。

## 九、自我揭露

「自我揭露」（self-disclosure）就是坦誠說出自己的感受與想法，其主要的功能為：（一）讓當事人了解諮商師是人，也經歷過與他／她相似的人類困境，讓當事人感覺被了解；（二）藉由諮商師或他人經驗，可以作為當事人的楷模；（三）可以減少治療師的神祕感，減少不切實際的移情現象；（四）讓彼此更親近。

我們在一般生活中使用自我揭露，是希望對方更了解自己、與自己更靠近，而不需要隱藏，可以更真實呈現自己，自我揭露也是親密關係的要素。基本上在諮商過程中，當事人是主角，因此諮商師的主要工作是聽當事人說，有時問必要的問題，偶爾也會說些諮商師自己的事。諮商師的自我揭露是要向當事人展示真實、坦誠與人性化，讓當事人知道過來人的掙扎與感受，或有助於其處理目前遭遇的困境，也會讓當事人覺得與諮商師更靠近、促進諮商關係，而「立即性」也是自我揭露的一種（Kottler & Kottler, 2007/2011, pp.70~71）。諮商師可能稍不留意，就帶著私人的動機（例如：急著同理當事人的經驗、想要表達自己與當事人類似，或怕當事人焦慮等）做自我揭露，這樣也是濫用自我揭露，因此治療師要仔細評估與檢視自己為何做自我揭露，以及使用的時間或時機，要注意諮商的主角是當事人，而非諮商師。自我揭露過多，當事人會覺得到底是誰在做治療？也可能會懷疑諮商師的專業性；過少的自我揭露，當事人可能覺得諮商師無相關經驗，或無法體會自己的遭遇。

## 同理心步驟

★這裡的「情感反映」包含初層次與深度的情感反映

**事實陳述或摘要事實（A）** ＋ **情感反映（B）** ＝ **同理心（C）**（A＋B＝C或摘要事實＋情感反映＝同理心）

當事人說：「我那天莫名其妙被老師處罰，其實也不是我的錯，我只是經過而已，老師就以為是我把同學的作業弄到地上。」

當事人說話很大聲、還比手畫腳，表情有點難過與生氣。

諮商師說：「你說自己被老師誤會、莫名其妙受到懲罰，你很生氣、覺得無辜，但對方是老師，又不能對他怎樣（無奈）。」

## 同理心過程（Brems, 2001, pp.186~194）

1. 當事人以語言或非語言方式表達自我。
2. 諮商師正確地接收了當事人所傳遞的這些訊息。
3. 諮商師了解當事人所傳遞的訊息，也依其理論取向來解釋。
4. 諮商師將其理解以「相近經驗」（an experience-near）的方式回饋給當事人。
5. 當事人聽到諮商師所傳達的訊息，感受到被了解、肯定與認可。

## 自我揭露原則（Kottler & Kottler, 2007/2011, p.70）

（諮商師有明確理由要做分享，而非為了私己的理由）

- 簡潔
- 自我揭露原則
- 不自我沉溺
- 謹慎使用

## 自我揭露的各取向論點（Hill, 2009/2013, p.240~241）

**人文取向** ★有助於治療關係之平衡。★增進治療關係。★有助於移情關係的導正。★諮商師更有自發性、真實地示範正確的自我揭露。★促進當事人的自我揭露。

**認知行為取向** ★增強治療關係。★催化當事人的改變。★提供當事人人際影響的回饋。★示範人際互動的有效方式。

**精神分析取向** ★諮商師的自我揭露會汙染當事人移情歷程。★對解除治療迷思有害。★降低諮商師地位。★顯露諮商師的弱點，有損當事人對治療師之信任。★若諮商師揭露自己未解決的反移情，更會嚴重抵銷當事人從治療獲益的能力。

### ＋ 知識補充站

諮商師的自我揭露功能（Hills, 2009/2013, pp.239~240）包括：

以自己的相關經驗來協助當事人了解自己沒有覺察到的部分，讓當事人可以在不具威脅的情況下聽聽自己的經驗，可以讓助人關係的權力趨於平衡。

# 單元 21 基本諮商技巧（五）

## 十、回饋

「回饋」（feedback）是展現諮商合作與開放的重要技巧，治療師可以聚焦在工作上，努力協助當事人達成其需求。「回饋」讓當事人了解諮商師在晤談過程中的觀察（如當事人身體姿勢、表情、特色或挑戰）與當事人進步的情況，協助當事人自我認識、增進自我效能的感受。給予當事人回饋主要目的是呈現給當事人知道諮商師相信其所思、所感或所行，以及重要他人（或）如何看他們與受到的影響。諮商師給予回饋時需要注意：讓當事人決定對回饋的反應，回饋聚焦在當事人優勢或可以改變的行為上，回饋要具體、簡潔、描述性的、不批判，也要與當事人互動（Hill, 2009/2013, p.305; Ivey & Ivey, 2008, pp.190-191）。

回饋與挑戰有若干重疊之處，然而回饋不會指出當事人不一致的地方。治療師可以提供當人自己觀察的線索或是體驗，最好使用「我訊息」、正向具體的陳述，也讓當事人有機會做反應（Nelson-Jones , 2005）。回饋有助於當事人的自我效能感，可以給予「肯定性」（當事人做對或做到了而給予肯定）或「矯正性」（當事人走偏或做錯時）的回饋（Egan, 2002, p.302）。回饋也需要注意正、負向回饋的平衡，通常先給予正向的回饋、再給予負向的回饋，當事人因此也會較願意接受負面的回饋，而回饋也是治療師觀察所得，因此可以藉此與當事人做更多互動與對話，而不是以諮商師所給的回饋為唯一真理。

## 十一、資訊提供或建議

諮商師當然也可以從自身經驗背景，提供適當資訊給當事人或做建議。雖然當事人前來求助、很容易就要求諮商師給建議，除了在緊急情況下給建議外，一般在給予建議之前，諮商師最好清楚當事人曾經做過哪些努力與解決方式，而在關係建立後給建議，當事人較容易接受。有時候提供給當事人適當的資訊是必要的，況且現在網路訊息發達，當事人可能接收並相信了一些不正確的資訊，就需要教育當事人，而「教育」也是諮商可以提供的功能之一。諮商師必須先知道當事人已經知道了哪些資訊，也需要檢視自己提供資訊的動機為何？切記不要一下子給太多資訊，可能會讓當事人更不清楚或無所適從。對於年幼的當事人，資訊提供要符合其發展程度可以理解的範圍，有時候用案例或故事方式解說更佳。

提供資訊之後，可以稍稍追蹤一下，看當事人使用的有效性如何？現在數位科技發達，許多諮商師會認為當事人應該容易取得相關資料，但是有些人並不一定喜歡上網，或可隨時接近網路，若是諮商師有紙本的資料可以提供，就給當事人方便。有些資訊光是閱讀或瀏覽，並不能夠深入了解，因此與當事人互動、交換訊息，可以讓資訊（或知識）更清楚，還可釐清一些迷思，或做更清楚的解釋。

## 給予回饋注意事項（Hill, 2009/2013, pp.306~307）

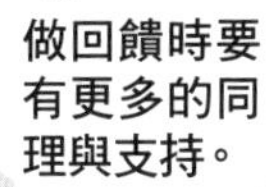

- 提供對當事人行為的觀察。
- 以敘述性語氣陳述、而非批判。
- 在說缺點之前先說優點。
- 針對當事人可改變的做回饋。
- 做回饋時要有更多的同理與支持。
- 時間點要拿捏適當（最好在行為發生前）。

## 資訊提供目的

- 釐清當事人可能有的迷思或誤解。
- 當事人本身資源或資訊不足。
- 提供當事人可能的其他求助管道。
- 讓當事人自行去判斷，而非諮商師說了算。
- 有些資訊可能是重要知識，當事人有必要知道。

## 資訊提供內容（不限於此）

- 相關網站或資訊資源
- 與當事人關切議題有關的知識（資料、影片或書籍等）
- 處理事件（如校園霸凌、自殺防治、家暴法）的標準程序或流程
- 社福協助單位資料
- 心理疾病（如憂鬱症、過動或自閉症）相關診斷或徵狀判定標準
- 轉介單位或緊急事件聯絡方式
- 可能涉及的法律

**＋ 知識補充站**

對於年幼的孩子，或者是表達上可能有障礙者，不妨以猜測的語氣（如「可不可能是⋯⋯」），或是列出一些選項讓其選擇（例如：「是感到害怕、擔心、失望，還是不知所措？」）的方式進行。

# 單元 21 基本諮商技巧（六）

## 十二、重新架構

重新架構（或「重新框架」，reframing）就是從不同角度看或解讀事件，通常是從正面的觀點來解讀。使用「重新架構」的目的，是讓當事人對某一事件的特定解釋做延伸，協助當事人對此事件創造新的意義。諮商師可以提供另一個窗口或經驗，重新架構也是其一。重新架構不是替當事人找理由或藉口，而是尋找希望的窗口或不同的意見，引領當事人看見事情的多元樣貌，不必拘泥於單一思考或向度。

使用「重新架構」的技巧可以是「重新命名（或「標籤」）」的方式，或可以衍生出不同的意義與方向。例如：

1.「你說自己是搗蛋鬼，但是剛剛你舉的例子，好像是在為問題提供解決之道……。」

2.「妳說常常跟兒子起爭執，兩個人會提出不同的意見、爭論很久，可見你們很積極做溝通。」

## 十三、挑戰或面質

挑戰（challenge）或面質（confrontation）一般可以交互使用。新手諮商師可能怕得罪當事人，或擔心當事人不喜歡自己，因此比較少用挑戰或面質技巧，有時候必須要提出挑戰或面質，才可以讓治療更深入。挑戰可澄清顯而易見的不一致之處，突顯不一致可增加當事人之覺察、促進改變，或催化反思與內省（Magnuson & Norem, 2015/2015, p.78）。面質是以行為描述方式進行，將諮商師所觀察的「不一致」，以「暫時性」的方式說出來，讓當事人了解，像是當事人所說的與面部表情、價值觀與行為、目標或渴望及行為、言行間的不一致，邀請當事人一同來探索這些矛盾的想法或感受（Magnuson & Norem, 2015/2015, p.74），因此在進行面質之前，諮商師需要確認觀察或發現當事人有混淆的訊息、不一致等衝突，指出不一致處，並一起解決，評估改變的可能性與結果（Ivey & Ivey, 2008, pp.132~136）。

面質或挑戰不需要以強硬或嚴詞峻語的方式為之，諮商師的態度很重要，最簡單的挑戰就是在諮商師發現當事人可能言行（例如：在講悲傷的故事卻面無表情）或前後不一致（之前說的與後來說的不同）時，或許就可以用困惑或猜測的方式進行，例如：「等一下，我有點迷糊了，上次你說不想要跟她再聯繫，可是你說打了電話給她？」挑戰或面質當然也有釐清的意味，可以協助當事人做澄清與整理，也讓彼此的對話可以更有意義、更深入。不要怕得罪當事人，諮商師使用挑戰或面質技巧的時機，應該是在治療關係建立，甚至穩固之後。

諮商師適當使用挑戰或面質技巧，可以協助當事人探索其情緒或感受，或是協助當事人清楚自己的想法或價值觀，只是要特別注意態度宜溫和、尊重、不批判。挑戰或面質也會引發當事人的情緒，可能就終止了探索，也要特別留意。

**小博士解說**

幽默也是重新架構的一種方式，然而要注意幽默是雙方都可以接受的，而非挖苦或嘲諷。

## 使用幽默的禁忌（Haig, 1988, pp.173~174）

- 當幽默用來否認、壓抑或退縮的藉口時。
- 幽默是挑逗或敵意的表現。
- 治療師將嘲諷當作幽默傷害當事人。
- 讓當事人覺得諮商師不重視自己的問題。
- 自戀型諮商師用來炫耀自己的能力或聰明。

## 挑戰的目的（Hill, 2009/2013, pp.206~207）

提升當事人對其議題、想法與感受的覺察。

協助當事人認出自己未覺察到的感受、動機與慾望。

協助當事人從不同角度看問題，鼓勵其為自己負責。

當事人知道自己模糊的感受、發掘其想法。

協助當事人覺察其防衛，決定使用防衛的多寡。

讓當事人承認不一樣的，或更深刻的感受。

## 使用挑戰技巧注意事項（Hill, 2009/2013, pp.208~210）

1. 讓當事人面對挑戰時感受到被支持、不覺得被攻擊。

2. 諮商師須慎選措辭與呈現挑戰之方式。

3. 使用挑戰時要小心、仔細、溫和並尊重當事人，以嘗試性、體貼方式進行，與同理心一起使用。

4. 諮商師採用懷疑而非敵意態度，指出自己的困惑。

5. 諮商師不批判，鼓勵當事人可以更深入檢視自我。

6. 挑戰需要在當事人出現不一致時儘快提出，時間延宕過久，當事人就無法理解諮商師說什麼。

7. 挑戰須注意文化問題，先呈現正面觀點較佳。

8. 挑戰的需求因當事人處於不同改變階段而不同。

9. 諮商師要注意與詢問當事人對於挑戰的反應。

## 面質的模式（Berg, Landreth, & Fall, 2006, p.70）

面質的模式

- 體驗式的
- 對話的
- 面質成員優勢
- 面質其弱點
- 鼓勵其採取行動

**＋ 知識補充站**

幽默本身傳達了無批判的了解，而分享歡樂基本上就減低或消除了責難與對立的氣氛，加上幽默所展現的創意想像及正向的能量，有助於問題解決與目標設定（Sharry, 2004, pp.27~28）。

# 單元 22 個人中心學派的基本諮商技術

人本主義諮商最重視的就是治療關係，因此治療師將本身當作治療工具，要真實、一致地展現在當事人面前，也讓當事人看見角色楷模的同時，接納人都有其限制與弱點，而「自我揭露」就是很直接的表現管道。個人中心學派重視人本身的成長與力量，而諮商師只是協助引出當事人的這些潛能而已！

## 一、積極傾聽

「同理心」是溝通的重要因素，通常是從「積極傾聽」開始。所謂的「積極傾聽」就是強調諮商師的主動性與專注力，把其他事物擺在一邊、心理上準備好，將舞台全部讓給當事人。一般在訓練準諮商師時，會採用一些既定步驟來「練習」傾聽。

1. 將手邊事情放下，也將心理上的思慮擱置在一旁，全心全意面對當事人。

2. 深吸一口氣，調整一下情緒。如果你／妳覺得緊張，也可以說出來、讓當事人知道，因為當事人跟你／妳一樣會緊張。

3. 眼光放在當事人肩部左右的高度，與當事人偶爾有目光接觸，但是不要直盯著當事人。如果彼此較熟悉了，即便諮商師的眼光一直在當事人臉上就不會引發對方的焦慮。

4. 不要想等一下該如何回應，或是去猜測當事人的想法或心情，只是將舞台讓給當事人，把自己的心放空、專心注意去聽。

5. 專心進入當事人的世界，去體會他／她的立場、感受與可能的想法或做法。

6. 遇到不清楚的地方，可以提問，但是切記：不要問過多問題。

## 二、同理心

就是可以站在當事人的立場去思考其可能有的感受、想法與行為，通常是在當事人敘述了自己遭遇的困擾之後或晤談中段，諮商師將當事人所敘述的內容，以「自己的話」簡述重點讓當事人聽見，除了針對當事人所說的故事「事實」或「事件」做簡要描述之外，也會加上諮商師所觀察到的、當事人說出來的感受，更重要的是，可以將當事人「深層」或是「未道出」的感受細膩描述出來。但是在臨床實務運用上，「同理心」的運用不會有這些明顯的階段分野，而是整合在一起，也就是在敘述事實的同時，將諮商師所看見的「表面」與「猜測」的情緒也一起說出來讓當事人知道。

## 三、立即性

「立即性」（immediacy）也就是治療師自我揭露在諮商現場所觀察、感受到的，包含對當事人與治療關係的看法與感覺，著重在「此時此刻」（here-and-now），可以是「自我揭露」（諮商師表露個人感受、反應或對當事人與關係的經驗）或是「挑戰」（用來面質當事人在治療關係中的議題）方式呈現，也是提供資訊（當事人行為模式）的一種，不帶任何批判在裡面。例如：

1.「上一次晤談，你在姿勢上比較輕鬆，說說你在這裡跟我談話的感受。」

2.「之前我們的對話，你幾乎知無不言，這一兩次，我的感覺是你有所保留，你說呢？」

## 人本學派的三個核心條件

「無條件積極關注」：以不批判、溫暖信任的態度來關切當事人所提的議題及當事人的福祉。

「真誠一致」：指的是治療師的「透明度」，讓當事人感受到治療師是「前後一致」與「裡外一致」，而且是將心比心，以最真切的心來對待。

「同理心」：設想自己站在當事人的立場、進入當事人的內在的主觀世界，去體會當事人的感受、想法與作法，這種「擬似」(as if)的揣摩還要經由管道表現出來，讓當事人知道與確認。「同理」不是一項技巧，而是一種「態度」，是一個「與當事人同在」的過程。

（中心：人本學派）

## 「同理心」的表現方式與舉例

| 同理心表現 | 說明 | 舉例 |
|---|---|---|
| 開放姿勢 | 坐姿要讓對方覺得沒有防衛、不緊張、也專注，要與當事人有眼神接觸。 | 以自然坐姿，姿勢與神態放輕鬆，最好不要翹二郎腿或雙腿太過張開。 |
| 簡述語意 | 把剛剛所聽到的「大意」說給對方聽，不只是讓當事人知道治療師「聽到」了，也讓他／她有機會去釐清。 | 「你提到跟媽媽意見不合、起了爭執。」 |
| 情感反映（初層次同理） | 將對方所說或表現出來的明顯情緒或感受說出來，讓對方知道。 | 「你剛才說到自己前一陣子跟媽媽吵架的情況，你覺得被誤解，但是解釋了，媽媽卻拒絕聽，感覺很難受。」 |
| 同理心（深度同理） | 將前兩者（簡述語意、情感反映）融合在一起，還站在對方的立場去感受他／她可能隱藏未說的情緒，並且替他／她說出來。 | 「母親的誤解讓你難過，而當你企圖說明、她又不聽時，你覺得更受傷、不知如何是好。」 |

## 諮商師運用立即性（Magnuson & Norem, 2015/2015, p.68）

- 與當事人討論諮商關係。
- 與當事人討論晤談過程中的對話互動。
- 對當事人某個特殊行為的反應。
- 邀請當事人檢視諮商效能。

## 立即性的類型（Hill, 2009/2013, pp.251~252）

| 類型 | 舉例 |
|---|---|
| 詢問關係 | 「我想知道你對於今天晤談的反應如何？」 |
| 諮商師陳述對當事人的反應 | 「我覺得今天與你有很深的連結，你覺得呢？」 |
| 公開所掩飾的事物 | 「你今天一直看錶，我想知道你是不是急著離開？」 |
| 強調治療關係與外在關係的連結 | 「你說沒有人了解你，我很好奇你是不是也認為我不了解你？」 |

# 單元 23 阿德勒（個體）學派的基本諮商技術

## 一、悖論（或矛盾意向）技巧（paradox intention）

悖論技巧是阿德勒學派很特殊的一種諮商技巧，後來也為一些家族治療者所運用，其目的在於刻意增加當事人的不良思考與行為，讓當事人在誇大的練習中體會到自己行為的可笑與荒謬，因而改變或停止這些不良行為。像是失眠的人會努力要讓自己睡著，但是治療師可以請當事人在睡不著時起來打掃，而不要執著於讓自己睡著，可能就因為勞動之後，比較會有睡意，正好就達到治療目標。悖論技巧也可以是治療師「開立處方」的一種方式，或許當事人不清楚為何要這樣做，諮商師卻讓當事人在做這些家庭作業時，緩解或解決了問題徵狀，同時還連帶地達成另外的目的（像是讓當事人獲得他人的注意、增進親子關係等）。矛盾意向法的使用要特別注意，像是對生命有威脅或傷害的舉動（例如：當事人說要自殺），就不可以使用，可能會鼓勵當事人做了，後果不堪設想，也違反專業倫理。

## 二、逮到自己（catching oneself）

主要目的是讓當事人對於自己一直重複的錯誤目標與思考有所警覺，並監控自己的行為，也就是協助當事人認出在錯誤目標或思考出現之前的一些徵兆或警告，讓當事人可以先做準備、避免重蹈覆轍，前提是當事人要能夠認清楚自己的哪些想法或行為是一種「警示」或「前兆」。像是在當事人手腕上綁個橡皮筋，只要是自己有想要做出衝動動作（如罵髒話）的意念時，就拉橡皮筋、彈自己一下，這就是「逮住自己」！

## 三、彷彿好像（acting as if）

許多當事人會告訴諮商師：「如果我可以的話⋯⋯」，治療師就可以在此時要求當事人表現出「彷彿好像」（假裝）自己就是那個「可以」的人，而在當事人以角色扮演的方式來模擬進行那些動作後，儼然成為那個「可以」、「有能力」的人，不僅增加其真正去執行的動機、也「練習」了那些能力。

## 四、在湯裡吐口水或是潑冷水（spitting in the soup）

此技巧是讓當事人對於經常做的，或自以為豪的行動，少了那些酬賞或益處，或是讓當事人有機會去反思要不要持續自己習慣的做法或想法。像是當治療師解開了當事人自毀行為背後的隱藏動機之後，於是就可以設定這樣的「趨近—逃避」情境，讓當事人不能夠再度「享受」那種自毀行為的好感受，例如：當事人會告訴諮商師：「反正我這個人就是這樣一無是處。」諮商師回道：「也對，這也是你選擇生活的方式與自由。」當事人就會覺得諮商師不應該有這樣的回應啊！接著諮商師就可以解釋道：「也許你就是喜歡這樣的角色，讓你可以依賴他人、怪罪他人，如果是這樣，汝安、則為之。」或者是對於一些喜歡玩掌控遊戲的當事人，諮商師可以藉由「在湯裡吐口水」的技巧，讓當事人體會到這個遊戲所要付出的代價為何，譬如丈夫有酗酒習慣的妻子說道：「我真不懂自己為什麼可以忍受他這麼多年？」治療師可以回道：「也因為妳要忍受這麼久，妳得到的同情應該不少！」

## 「不適應行為」、引發感受與因應方式（Dreikurs, 1964; Sweeney, 1989; Walton & Powers, 1974）

| 不適應行為 | 引發感受 | 因應方式 |
|---|---|---|
| 引起注意（attention-getting） | 很煩 | 給予其所需要的注意（拍肩、微笑或誇讚）。 |
| 權力抗爭（power-struggling） | 生氣 | 走開、冷靜之後再處理。 |
| 報復（revenge） | 很痛 | 可以用「我訊息」方式表達你了解他的可能感受。 |
| 我不行（inadequacy） | 無望、無力 | 慢慢給予小小的成功經驗、多予支持。 |
| 刺激興奮（excitement） | 無厘頭、莫名奇妙 | 一笑置之或與其同樂。 |

## 一般的生命型態

（Adler, 1956, Mosak, 1971, cited in Seligman, 2006, p.80）

## 阿德勒學派對其他理論的貢獻

- 強調優勢、樂觀、鼓勵、賦能與支持
- 早期經驗與家庭星座對目前個人功能的影響
- 統整觀（身心靈）
- 要將個人置於其家庭、社會與文化脈絡內考量
- 認為思考影響感受與行為
- 注意到多樣與多元的文化（包括性別）議題
- 治療師與當事人都同意的實際治療目標
- 需要認出重複自毀行為背後的目的、予以修正
- 生命型態與目標的關連
- 合作治療關係的重要性
- 問題與差異是正常生活的一部分，也被視為成長的契機
- 治療乃教育與提升成長的過程，也有補救的功能
- 強調「健康」而非「病態」
- 重視預防與發展
- 在社會脈絡限制下仍能展現自由的能力

# 單元 23 阿德勒（個體）學派的基本諮商技術（續）

## 五、按鈕技巧（pushing the button）

這是讓當事人可以更有效管理自己情緒的方法。有些當事人認為自己無法管理情緒，自己是情緒的受害者，卻無能為力，諮商師就可以教導這樣的方式，讓當事人在諮商現場「練習」控制自己的情緒。像是假裝按了一個「生氣」的鈕，然後想像一幅令人生氣的場景，之後再按另一個鈕，想像一幅令人喜悅的場景，藉由這樣的練習，當事人也學會了管理自己的情緒。

## 六、鼓勵

阿德勒認為人有被看見、認可（自我價值）的需求，因此基本上人都希望表現出好的行為、受到稱讚。阿德勒學派的治療師是非常善於鼓勵的，因為他們基本上認為當事人不是生病，只是「適應不良」，因此鼓勵當事人，讓他們看見自己「能」的部分很重要，而且不是以「應該」來期許當事人，而是以「你可以」的方式，這個鼓勵技巧用在孩童身上特別有效，可以增進其自信。鼓勵必須聚焦在當事人所「做」的、付出的努力、當下（非過去）、行為、內在動機、所學到的與做得正確的。阿德勒學派諮商師所使用的鼓勵非常具體，而非抽象的字眼，即便是稱讚抽象的特質，也會用具體、此時此刻所發生的行為事實佐證，因此說服力很高。像是：「謝謝你到輔導室來，即使你很不願意，但是還是願意來這裡看看，我認為你是一個很負責、也有好奇心的人。」

## 七、逃避陷阱（avoiding the tar baby）

協助當事人不要重蹈常踏入的錯誤，或是讓自己困住的地方。諮商師使用非預期的方式回應當事人，像是當事人抱怨自己都亂花錢，因此存不了錢，感覺很不踏實，治療師沒有要他節省，而是要他用一天時間去好好花五千元。

## 八、早期記憶（early recollections）

阿德勒學派認為人格在童年期間就定型，但並非如佛洛伊德所言那般被動，而是視當事人如何「主觀」詮釋自己的經驗而定（所以「感受」很重要），因此研發了一個「早期記憶」的技巧，也可以作為人格評估之用。諮商師一般會請當事人回憶八歲之前的深刻記憶，事件越多越詳盡越好，可以解釋的細膩度與準確性就越高。解釋「早期記憶」時需要注意到：當事人將哪部分放入記憶裡？他／她是參與者還是旁觀者？有其他哪些人出現在記憶裡？他們與當事人關係為何？記憶的主題為何？有無特殊模式出現？當事人的感受為何？當事人為何憶起這些？他／她要傳達的是什麼？請當事人將事件發生的人事物與感受都詳實記錄下來，然後由諮商師做一些臆測與解釋，通常就可以大概了解當事人的生命目標與人格特質。

**小博士解說**

「矛盾意向法」包括「開立徵狀處方」（symptom prescription）與「抑制」（restraining）。前者是讓當事人體驗或維持徵狀，讓當事人看到自己的矛盾衝突，或者是徵狀對其的影響；後者是要求當事人慢慢改變或不要改變，當事人可能因此而抗拒，反而產生改變的行動。

## 不同鼓勵方式比較

### 無效的鼓勵

你／妳真聰明

你／妳好棒

### 正確的鼓勵

你／妳的眼睛很亮、很漂亮

你／妳會去想該怎麼解決這個問題，很棒！

你／妳替我拿東西，謝謝！

你／妳願意在那裡安靜等我，謝謝你／妳！

## 早期記憶示例

六歲上幼稚園時，因為與朋友爭執被老師罰站，當時不高興、覺得不公平、生氣。後來母親來接我回家、聽了我的解釋，讓我覺得母親是公平的、也受到尊重，鬆了一口氣。

七歲時跟同學一起回家，兩個人在路上看到一隻顏色鮮豔的鳥，驚呼漂亮，因此耽誤回家時間，被母親罵，但是不覺得委屈。後來告訴母親回家路上的經過，母親猜測鳥的種類可能是什麼。

七歲時與哥哥爭玩具，哥哥刻意將玩具弄壞，被父親責罵，自己還去安慰哥哥，哥哥笑了，自己也覺得高興。

**分析**　重要他人「母親」出現兩次，與母親關係深，也體會到母親的關愛與公平。當事人認為對錯很重要、被公平對待也很重要。哥哥被責罵會去安慰哥哥，可見能夠同理他人情緒，哥哥以笑回應，與兄長之手足情分不差。

老師與父親是威權角色，當事人對其較無著墨，也可能反映出對於權威人士的不信任。

當事人或許勇於挺身仗義，對事物好奇，也願意去探討未知。

三個事件前兩件是參與者，在生活中的主動性大，也願意嘗試去改變或改善。

**＋ 知識補充站**

治療師使用「空椅法」來解決衝突是為了：（一）做一些統整工作；（二）紓解先前未表達的情緒；以及（三）改變觀點、讓衝突不再對立。

# 單元 24 完形學派的基本諮商技術

完形學派的特色就是使用暗喻、幻想與想像、身體姿勢與動作，以及感受完整的表達，而現代的完形學派目標在於整合身體、感受與智性（認知），將個體最基本的需求放在社會環境的脈絡裡來看，治療過程則是運用關係、覺察與實驗為主（Clarkson, 1999），因此其介入方式也是以存在覺察、體驗與實驗為主。

## 一、實驗

完形學派使用的許多技巧聚焦在「自我探索」，因此其實驗性質就很強。實驗（experiment）是在治療情境中，治療師鼓勵當事人去嘗試新的行為並觀察其後果，因此完形治療過程也可視為實驗的過程。實驗可以有不同形式，想像一個具威脅性的情境，安排與重要他人的對話，將記憶中一件痛苦事件誇張戲劇化，重現幼時經驗等等，而且也不拘泥於特定的方式或媒介，舉凡戲劇、舞蹈或其他肢體活動或是對話都可以。

## 二、夢的技巧

對完形學派治療師而言，夢境或想像都是未竟事務浮現在意識狀態的管道。治療師會讓當事人假想自己是夢裡的不同元素或角色，然後做實際扮演，也就是要當事人以「行動」方式來詮釋夢，這樣當事人就可以這種「抽離」（out-of-touch）自己的方式來重新定義。完形學派治療師基本上不做夢的詮釋或解析，只是會將夢境搬到治療現場，讓夢境重現，在讓當事人扮演夢境中的特別角色時，甚至可以完成夢境中未完成的對話，而夢中的每一個角色都被視為是自我的投射。對理論創始人 Perls 來說夢是人類生存最自然的表現，呈現了未竟事務的情境，也包含了自我存在的訊息與掙扎，Perls 因而認為夢是「通往整合的最佳路徑」。夢的技巧主要是用來探索接觸的可能性（例如：覺察、擁有感、自我同化），引發當事人與他人互動的潛能，以及清楚當事人生命中的一些存在意義。

## 三、心理劇

Perls 在 1950 年間熟悉心理劇，後來也運用了心理劇的一些觀念在治療上，他將心理劇做一些修改，以吻合他的治療型態，唯一不同的是，他要當事人去扮演所有的角色。完形學派不是不重視過往歷史，而是將過往在條件已經改變的當下呈現出來，「演出」就可以達成這項功能。

「心理劇」是由 Jacob Levy Moreno（1889-1974）所創，其原理與 Perls 的理論相近，是運用「完整」的概念，也以行動為中心，是不分學派喜歡運用的技巧。心理劇基本上有舞台、導演、主角、配角與觀眾，也運用許多技巧來強化感受、釐清隱含的信念、增加自我覺察，或練習新的行為，而心理劇最重要的是讓當事人有機會去「直接」接觸或體驗那個經驗 （Wilkins, 1999）。心理劇是一種團體治療，或是以人際關係為基礎的治療，以人彼此間的「互惠交會」為重點。Moreno 相信團體中的每個人都有潛能成為他人的療癒媒介，心理劇目的是讓個人可以有建設性的自發性，且有足夠的能力去安排自己想要的生活，在當事人解除了覺知的障礙、有能力去處理改變之中，「頓悟」與「情緒宣洩」是重要功能（Jan Costa, 1995, cited in Wilkins, 1999, p.4）。

## 完形學派的其他覺察技巧

### 「空椅法」(empty chair)

覺察使用的技巧之一。治療師將當事人的「內在對話」以實際形式呈現，讓當事人可以在「當下」將那些對話作演練、表達出來，就可以更清楚地檢視這些想法與感受。
運用「優勢狗(或優勝者)」(top dog)與「落水狗(或劣敗者)」(under dog)之間的對話，讓兩個相反(或衝突)的角色或意見(自我)以具體方式展現，或用「空椅法」或「雙椅法」的方式，讓這些角色對話。

### 「繞圈子」(making the rounds)

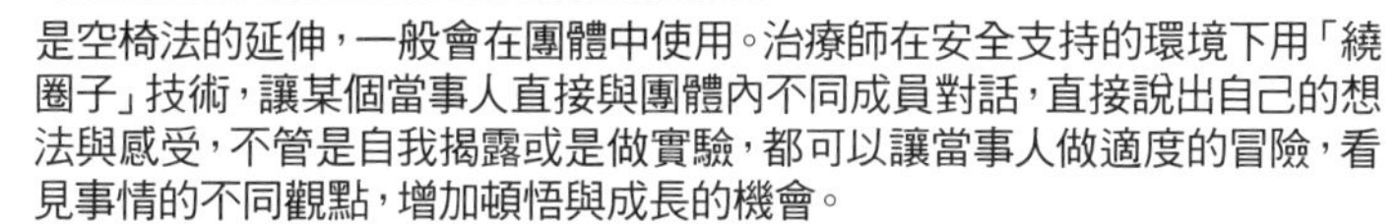

是空椅法的延伸，一般會在團體中使用。治療師在安全支持的環境下用「繞圈子」技術，讓某個當事人直接與團體內不同成員對話，直接說出自己的想法與感受，不管是自我揭露或是做實驗，都可以讓當事人做適度的冒險，看見事情的不同觀點，增加頓悟與成長的機會。

### 「誇大練習」(the exaggeration exercise)

是為了讓當事人可以覺察到較細微的線索所研發的，讓當事人誇大自己的肢體動作、姿勢或是移動情況，「看見」自己的這些行為背後所蘊含的意義。

### 「停留在那個感覺上」(staying with the feeling)

完形治療師要當事人可以達到「完全覺察」，因此會鼓勵當事人「停留」在那個感覺上，深入去體會與了解自己害怕(或「不喜歡」)情緒的感受，這樣做是需要勇氣的，然而同時也可以讓當事人的忍受力增加，願意做更進一步的成長。

## 心理劇進行步驟(Wilkins, 1999, pp.29~32)

演出

**暖場**：提供一個安全、信任的氛圍，同時讓觀眾與演出者等都準備好，可以激發團員的自發性與創意、催化彼此的互動，以及協助成員聚焦在個人想要解決的議題上。

**演出**：讓主角以行動方式來說出他／她的故事，將主角所關注的議題以「此時此刻」的方式呈現。

**分享**：先讓所有參與的角色「退場」，讓主角重新與團體連結，然後分享大家因為主角的故事而觸動的生命經驗或故事。

## 實驗的目的(Joyce & Sills, 2001, p.98)

**實驗的目的**

- 預演或練習新的行為
- 探索新的自我與行為
- 增強覺察
- 激勵自我支持
- 重新擁有自己否認的部分
- 表達出未表達的或是在覺察邊緣的感受與想法
- 完成「未竟事務」

# 單元 25　認知行為學派的基本諮商技術

## 一、教育

教導當事人一些行為或技巧，以及必要了解的步驟，行為治療的許多技巧與面向也都蘊含教育成分，像是示範、教導放鬆運動或系統減敏法等，都不脫離教育。

## 二、模仿或示範

尤其是新技巧或是在當事人不熟悉的情況下，讓當事人可以觀察、效仿某個特定人物的行為，治療師也可以做適當的示範、請人當場示範，或運用多媒體素材（如影片）來協助進行。

## 三、系統減敏法

是一種「反制約」（counterconditioning）的過程（George & Cristiani, 1995），運用古典制約的原理、刺激－反應的學習理論，以及其針對減低害怕所做的臨床實驗等為基礎所研發的特殊治療方式（Wilson, 1995）。先將當事人焦慮或害怕的事物，從焦慮最低排到最高，讓當事人熟悉放鬆技巧之後，以想像情境的方式進行，當事人隨時可以喊卡、諮商師也會調整進行步調，最後在當事人可以控制自己的焦慮之後，才到實景場地做最後驗收動作。

## 四、肯定訓練與社交技巧

「肯定訓練」主要是協助在特定的人際場合裡未能肯定自己的當事人（George & Cristiani, 1995），其目的是要讓當事人在不傷害他人的情況下，有能力去執行自己預定的計畫，也讓當事人可以擺脫被動、無助的立場去處理自己面對的生活情境（Gilliland & James, 1998）。

## 五、「代幣制度」

做法是先規劃一個有系統的酬賞與處罰方式，讓某種行為可以建立起來，也是一般學校或特殊教育教學上最被廣泛使用的行為策略。「代幣制度」是正增強的一種應用，採用的是「次級增強物」，先要確定目標行為（例如：主動寫功課），然後確定「基準線」（baseline，例如：觀察一週主動寫作業次數的平均），最後選擇適當增強物（例如：收看「海綿寶寶」，是當事人喜歡的，必要時可適時做調整或更換）、「代幣」類型與增強方式（張厚粲，1997）。

## 六、家庭作業

行為取向的諮商師基本上都會以作業來延續治療效果，同時鼓勵當事人將在諮商中所學習到的運用在日常生活中，也以行動來改變錯誤的認知。對於憂鬱的當事人，「活動」治療是最有效的，也讓當事人可以每日規劃讓自己可以做的活動、同時增加愉悅的活動（Richards, 2007）。

## 七、理性—情緒想像

將當事人不健康的負面情緒轉為健康的負面情緒（例如：將「沮喪」轉變為「不舒服」）。讓當事人在想像負面事件的同時，藉由學習改變非理性信念而改變自我挫敗行為。

## 八、參照比較

請當事人列出一個特殊思考的正負面證據，鼓勵當事人聚焦在自我挫敗行為的改變上，讓其有動力去克服這些行為。這樣列出優劣點的方式可以協助當事人清楚看見事實，而非憑空想像而已，也因為提出具體事例而佐證力強，然而有些當事人還是會否認所看見的事實。

## 系統減敏法步驟（Nystul, 2006, p.241）

1. 教導當事人深度放鬆技巧。
2. 發展出一個階層圖（若是焦慮，就發展極細膩的、從最無焦慮到最焦慮的情境階層）。
3. 治療師讓當事人可以在進入深度放鬆的同時，以想像的方式進行（焦慮）階層的漸進工作。
4. 進行實景（in-vivo）的練習，讓當事人可以直接接觸或目睹引發其焦慮的物品或情境。
5. 追蹤與評估。

## 協調家庭作業（Nelson-Jones, 2005, pp.232~235）

- 要與所談議題有相關。
- 與當事人一起合作商議。
- 強調學習的經驗。
- 讓家庭作業是可以處理的。
- 慢慢增加家庭作業的難度。
- 確定當事人記錄下家庭作業的摘要。
- 在兩次晤談間就開始家庭作業。
- 對於當事人未能完成家庭作業的困難要有準備。
- 在下次晤談時展現出對當事人家庭作業的興趣（記得做追蹤）。

## 參照比較示例

| 選項 | 留在國內工作 | 到國外工作 |
|---|---|---|
| 優點 | 可就近照顧父母親 | 有更多工作機會 |
| | 環境人物較熟悉 | 新鮮感 |
| | 友人都在此 | 會有較好發展 |
| | 生活費較低（可住家裡） | 薪資較優渥 |
| | 閒暇時間好打發 | 容易存錢 |
| 缺點 | 較少工作機會 | 距離家人遠 |
| | 交通問題 | 久久才能與家人團聚 |
| | 不容易存錢 | 孤單寂寞 |
| | 薪水較少 | 不同文化需適應 |
| | 手機電話費高 | 少支持、求助不方便 |
| | 較多人事紛擾 | 生活無聊 |

**＋ 知識補充站**

認知治療是短期治療、也是學習的歷程，其治療目標有三：（一）解除症狀、解決問題；（二）協助當事人獲得新的因應策略；（三）協助當事人修正認知架構以防復發（Moorey, 2007, p.307）。

# 單元 25 認知行為學派的基本諮商技術（續）

## 九、「認知重建」

確認與挑戰在特殊情境下的不適應想法，著重在當下這個認知對於情緒與生活功能的影響為何？協助當事人以其他可行、建設性的想法來替代舊有的非理性想法，也同時幫助當事人去監控自我敘述、認出不適應的自我對話，代之以更適合的自我對話，最後甚至變成「哲學重建」。

## 十、羞愧攻擊練習

此技巧可以運用在當事人認為將自己的弱點曝露在公共場合時的羞愧感受，讓當事人去執行一般人可能會認為的「丟臉」行為，看看是不是如他／她想像那般恐怖？像是請當事人去超商換零錢，或是雙腿張開大剌剌坐在許多人經過的地方。

## 十一、辯駁非理性信念

非理性信念基本上是僵固、極端、不邏輯、與現實不符的想法，造成當事人情緒困擾，而辯駁是協助當事人以問問題的方式來挑戰與改變自己的非理性信念。我們主要的心理困擾是對生活情境或覺知的困擾反應，源自於非理性思考，只有無條件接受自我，做出有理性合現實的反應，而且有適當的困擾容忍度才是健康。儘管生活中有許多不如意，但是人的韌性很強，以「不舒服」代替「無法忍受」，轉變一下陳述及思考方向，人生就不一樣。

## 十三、產婆式對話（或「蘇格拉底式」對話）

先定義當事人所使用的關鍵語句，讓彼此更清楚其具體意義，然後了解當事人是依據怎樣的規則？有沒有證據可以支持？將當事人對問題的陳述視為可以測試的假設，其主要目的是要當事人自己去思考，而不是因為治療師的威權而接受治療師的觀點，可以鼓勵當事人重新去看自己的情況與相關的部分，也可以改變態度、感受與行為，因此常使用四種問話（「結果如何」、「有任何證據嗎」、「有沒有相反的證據」，以及「有無其他的看法」）（Westbrook, Kennerley, & Kirk, 2008, p.92）。產婆式對話是要讓當事人可以有新的學習，需要治療師以問問題方式收集有關當事人未能覺察的、自動思考的資訊。

## 十三、「自我指導訓練」

發展一連串的反應模式，主要聚焦在當事人在「自我對話」（self-talk）的覺察。進行方式先是讓當事人觀察與了解自己在緊張情境下的情緒行為反應，覺察到自己會告訴自己什麼？接著思考出另一個建設性的自我對話，開始新的內在對話，也學習新的技巧，以「自我指導」的方式讓自己可以對抗消極反應，也就是使用當事人積極有效的「自我陳述」（例如：考試不是因為我緊張，而是正常生理反應）、放鬆療法，以及對抗消極的自我陳述所採取的一系列步驟。

**小博士解說**

行為主義治療師是協助當事人（一）改變不適應行為；（二）學習做更有效率決定的過程；（三）藉由加強可欲行為（desirable behaviors）來預防（未來）問題；以及（四）將改變的行為遷移到日常生活中（George & Cristiani, 1995, pp.90~91）。

## 認知重建的方式（不限於此）

- 重新架構
- 重新標籤
- 幽默
- 尋找例外
- 誇大練習
- 辯論
- 蘇格拉底式對話
- 扮演反轉（或對立的）角色
- 改變自我對話
- 家庭作業
- 檢視自己的想法並列出替代想法

## 認知重建示例

★認知重建是一段過程，不是靠一兩句對話就可以完成，還須輔以其他技巧（像是行動作業、自我對話等）。

「我就是一個很糟糕的人，沒有人會喜歡我。」

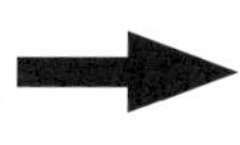

「聽起來你對自己要求很嚴。先前你提過有幾個好朋友，你認為他們喜歡你什麼？」

「他們都很自私，只是想對自己有利的。」

「每個人為了捍衛自己的權益努力，你呢？曾經也這樣做過嗎？」

「為什麼總是有人做些損人不利己的事？」

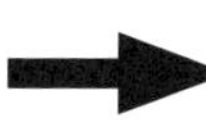

「這些擔心對你有哪些影響？你想要做哪些改變？」

「我就是高興不起來。」

「你擔心高興會有什麼不好的結果嗎？」

## 其他認知技巧

|  |  |
|---|---|
| 「去災難化」(decatastrophizing) | 就是「如果……怎樣……」（what if）的問句，協助當事人去準備最害怕的結果。 |
| 「去歸因」(deattribution) | 以可能的不同結果來測試自動化思考與假設。 |
| 「重新定義」(redefining) | 讓那些自認為失控的當事人可以更有動力。 |
| 「去中心化」(decentering) | 用在焦慮當事人身上，因為他們相信自己是每個人注意的焦點。 |
| 問題解決過程 | 問題概念化→選擇適當策略→選擇執行方式或技巧→評估技巧之有效程度。 |
| 其他 | 認出負面自動思考、測試負面自動思考、現實測試、找出其他變通之道、重新歸因、列出優劣勢等。 |

**＋ 知識補充站**

產婆式對話目的（Beck & Weishaar, 1989, p.302）：（一）釐清或定義問題；（二）協助當事人認出自己的想法、想像與假設；（三）檢視事件對當事人的意義；（四）評估若繼續維持不適應想法或行為的結果為何？

# 單元 26 後現代取向（敘事治療）的基本諮商技術

**（一）外化問題**

「外化問題」是將當事人與問題做切割，不讓「問題」成為個人內在的缺陷，而當事人也可以抽離去看自己面臨的困境，比較容易思考出解決之道，重點不在於「問題」，而是其背後所持的信念（Halbur & Halbur, 2006, p.77）。敘事治療將「問題」定義為「對個人的影響」，而非「個人本身」的問題，治療師會詢及「問題」對當事人的「影響」，也會問當事人對「問題」的影響為何？如不稱當事人是「小偷」，而是詢問：「在別人不知道的情況下拿了東西，對你有什麼影響？」對於憂鬱症患者說：「心情不好會讓你的生活有哪些不同？」

**（二）相關影響問題**

基本上可分二種：1. 找出問題對當事人的影響，以及影響的方向為何？像是：「問題是怎麼影響你？你的生活以及你與他人的關係？」2. 協助當事人與他們的故事分開，可以讓當事人更了解他們的故事，例如：「你對於問題的影響又如何？」（Becvar & Becvar, 2009, p.261）或是詢問當事人「有誰會最先發現你的改變？」、「以過來人身分，你對於與你有類似遭遇的人會有哪些建議？」，協助當事人去認出、發現、探索與擴展其他重要他人對此情境的觀感（Payne, 2007）。

**（三）治療文件（記錄）與重新加入會員**

敘事治療師會善用其他任何可以支持新故事或線索的證據與資料，也不時提供當事人這些可以保存或重新拿出來見證的素材，用來強化、鞏固與鋪陳當事人新的故事與身分，不只可以延續諮商效果，也可以讓當事人即便走出諮商室，依然可以確定自己是有力量的。治療師會將治療過程中的所有一切都記錄下來或收集起來，也鼓勵當事人這麼做，主要是因為這些記錄或是資料都是有關於當事人的想法、發現與成就，Epston（1994）認為書寫的文件或記錄，不會像對話一樣很快就消失，而且還可以在往後重複閱讀（cited in Becvar & Becvar, 2009, p.262），而其影響也可以持續下去。

重新加入會員是邀請與當事人相關的重要他人加入治療（可以是觀眾、目睹當事人的改變與受到的影響，也可以是已經過世的親友或重要人物，邀請他們「重新加入會員」），這些都是重要的「目擊證人」（external witnesses），讓當事人新的認同與身分因為有人目睹、作證而更為扎實、可靠，也讓當事人新的替代故事更扎實、豐富（Payne, 2007），這些「見證人」可以從當事人之前所認識或知道的人那裡選取，他們是來協助當事人發展喜愛的故事情節（Zimmerman & Dickerson, 2001）。像是協助非行少年憶及阿嬤對他的好與期待，儘管阿嬤已經過世，還是這麼邀請當事人說：「若阿嬤現在在這裡，她看見你的努力會怎麼說？」

**小博士解說**

敘事治療努力擺脫當事人受害的身分認同（如家暴者），努力去樹立另一個當事人更喜愛的身分（如愛孩子的父親），然而並不是為當事人所犯的錯誤找藉口，而是讓當事人看到可以持續努力的方向與希望。

## 外化問題的效果（White, 1989, cited in Payne, 2000, pp.55~56）

- 對問題而言，可以打開「對話」的可能性，而不是個人的獨白。
- 減少人與人之間無建設性的衝突（如夫妻之間的互相責難）。
- 減少失敗的感受（因為問題並不代表人本身）。
- 可以為彼此的合作鋪路、共同對抗問題。
- 打開新的可能性，個人可以採取行動恢復自己的生活。
- 讓個人可以擺脫壓力與重擔，採取更有效的方式去處理問題。

## 治療文件舉隅（不限於此）

- 諮商師看見當事人進步之處、給予命名（例如：「勇氣獎」、「毅力獎」）的獎狀。

- 給當事人的信（肯定他／她的進步或成就，以及在諮商裡的表現）。

- 當事人在諮商過程中所完成的作業或紀錄。
- 重要他人給予當事人的鼓勵。
- 證明（書）。

## 敘事治療其他技巧（Freedman & Combs, 1996）

|  |  |
| --- | --- |
| 「解構問題」（deconstruction questions） | 協助當事人從不同角度看自己的故事。 |
| 「開放空間問題」（open space questions） | 一旦問題角度拓寬了，就有許多空間可以容納「特殊結局」。 |
| 「較喜愛問題」（preference questions） | 在與當事人一起共構新的故事時，要一直反覆確定故事的方向與意義是不是當事人較喜愛的？ |
| 「故事發展問題」（story development questions） | 一旦空間足夠容納一個特殊結局，或當事人喜愛的發展時，就可以開始詢問讓故事更深刻描繪的問題。 |
| 「意義問題」（meaning questions） | 邀請當事人從不同的角度反思自己的故事、自我，以及與他人的關係，可以讓他們重新去思考及體驗特殊結局、較喜愛方向與新建立故事的影響）等。 |

# 單元 27 後現代取向（焦點解決）的基本諮商技術

## 一、解決的談話

因為是以解決為目標的諮商，因此其所使用的技巧就以解決問題為主。問題類型有（Metcalf, 2009, p.29）：1. 未來導向（奇蹟問題），例如：「如果妳今晚睡著後，妳所擔心的問題都消失不見了，當妳睜開眼醒來，妳第一個會發現什麼？」；2. 尋找例外，如「你生活中最快樂的那一段是？」；3. 評量問題，建立一個基準線，可以開發當事人對可能性與進度的認同（Seligman, 2006, p.417），如「從一到十，表示你的情況從最差到最好，妳目前的情況是在哪個位置？」，也可以讓當事人「具體」看見想要發生的下一步為何？讓改變更容易發生（O' Connell, 2007）；4. 歸因問題或因應問題，如「即使遭遇到這麼多挫折，你是怎麼撐到現在而沒有倒下去的？」（Connie, 2009, pp.17-18）。

## 二、「重新描述」

諮商師提供對於事件或是問題的不同解讀與看法，甚至是讓當事人看到問題的正向動機或善意，像是對一位不服從的孩子說：「你有自己的看法。」對上癮者說：「這個一直持續的習慣，似乎對你沒有幫助。」諮商師做了重新描述之後，讓當事人看見可以努力的方向。

## 三、策略性家庭作業

策略性的家庭作業（包括「第一次諮商工作公式」），其目的是維持諮商效果，同時也容易達成改變的目標。de Shazer（1988）曾提出針對不同的當事人，給予不一樣的家庭作業，對於「訪客」可以給予讚美，而對於「抱怨者」可以給一些觀察作業，至於「顧客」就可以建議「行動作業」（cited in Seligman, 2006, p.418）。有時候當事人被現況「卡住」了，諮商師可以建議做一些行為上的小改變，像是改變頻率或速率（如對強迫症患者建議一天洗手五次）、發生時間（像是早上哭改成下班之後哭）、長短（像是哭五分鐘變成三分鐘）、地點或程序（如本來回家是馬上打開電腦、改成去開冰箱找冷飲）等方式，可以用來解決所面臨的困境（O' Hanlon & Davis, 1989, cited in Seligman, 2006, p.423）。

## 四、注意治療前的改變——特別是運用「解決談話」

通常當事人在打電話預約諮商時段時、到真正見到治療師之前，其問題大都有一些些的改善，可見一般的當事人在求助之前，都曾經努力要將問題做一些處理，這也是「解決談話」的開始（O' Connell, 2007）。

## 五、正向與溫暖態度、當事人是專家

即便是一次諮商，治療師也要全力以赴，而焦點解決諮商希望讓每一位當事人的晤談經驗都是很棒的、有效的，因此態度很重要。將當事人視為自己問題的專家並不容易，因為諮商師學有所成，也是一位專業助人者，當然有所謂的「專業權威」，但是諮商基本上是平權關係，因此諮商師的態度與處理方式就很關鍵！如何敏銳觀察、看見當事人的優勢，相信是諮商師重要的能力之一，對焦點解決治療師尤然！

## 焦點解決常使用問句示例

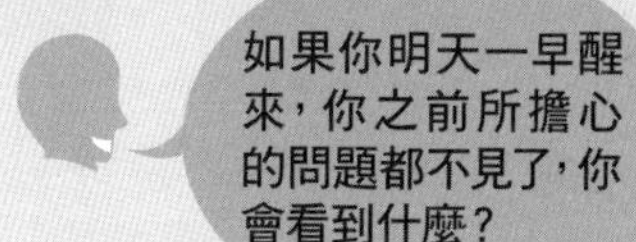


如果你現在的情況是 3，若是進步到 4，會是怎樣的情況？

誰最先看到你的改變？

你是怎麼讓自己不受誘惑的？

情況沒有更糟，你是怎麼辦到的？

如果你女兒看到你沒有用藥的情況，她會怎麼說？

## 焦點解決三段式結構

第一階段 → 第二階段 → 第三階段 → 結束階段

第一階段：寒暄、了解來談目的。

第二階段：詳細了解當事人為解決問題所做的努力、方式與效果。

第三階段：暫停（休息三至五分鐘），諮商師回想今日晤談內容與所觀察到的當事人表現。

結束階段：摘要此次晤談內容、對當事人表現的具體讚美、商議可能的家庭作業。

## 評量問句使用要點（O'Connell, 2007, p.392）

- 可以建立當事人的信心與動機。
- 設定小的、可辨認的目標。
- 用來評估諮商進度。
- 使用在發展策略上。

**+ 知識補充站**

有過經驗，或是努力掙脫類似困境者，諮商師都可以延請其擔任「顧問」的角色，必要時邀請顧問到諮商現場、與當事人分享自身的經驗，這比諮商師自己分享經驗或提到他人的經驗更為有效，也更具說服力。

# 單元 28 特定議題的處理（一）：受虐或家暴目睹兒

離婚率上升、許多家庭功能失常，加上大環境經濟不景氣，失業家長或是同居人的情緒自己無法控管，若孩子吵鬧或難管教，就容易成為家長發怒的導火線，過度管教事小，在情緒影響下卻常常變成暴力！家長本身有許多議題（例如：經濟、親密關係、子女管教、個性）未解，很容易在外來壓力下，將家中孩童當作洩憤工具。有些家長出手後會後悔道歉，但是只要情緒賁張，還是容易再犯，有些家長將責任放在他人或孩子身上，其暴力再犯率更高！夫妻之間的問題若無適當解決，經常會延燒到孩子身上，儘管有些伴侶會選擇在孩子不在場時爭論或大打出手，然而孩子聽聞或目睹爭吵，其遭受的傷害一樣嚴重！家暴家庭成長下的孩子很沒有自信、不相信他人，日後對於親密關係會懼怕，甚至重蹈家長的覆轍，成為下一個暴力加害者或受害者。

目前我國處理家暴案件採取被動方式（也就是無人舉報就不處理），而潛在的家暴案通常是以其他形式出現（例如：有人要燒煤氣自殺、在街頭擋人或爭吵），警消單位若無進一步了解，可能就不會注意；此外，許多公權力單位還是認為家暴是「家務事」，這樣的處理態度讓家暴更肆虐！法制單位介入後，將加害人隔離，卻忽略了受害者（通常是妻子或同居女友）不只一人——不管哪個年紀的孩子也因而受創，卻並非法治或社福單位關切的對象，偶爾校方輔導老師會介入關切，卻極少做治療。

受虐或家暴目睹者最需要的是安全，然而當加害人被強制帶走，孩子常感自責與羞愧，認為自己是讓家庭破碎的主角，倘若受害的母親失去經濟支援或情感依賴，也可能回過頭來譴責孩子。如果是孩子被安置，其對於依附及親情的需求並不是福利單位的考量，這是傷害最大的。面對受虐兒或家暴目睹兒，諮商師不是做個諮而已，還需要與社福及法制單位密切聯繫，了解案件進行的情況，孩子擔心什麼？若母親怪罪孩子，則需要處理親子議題、重新修補關係；其他手足對於受虐兒可能也會責怪或疏離，也需要再教育。另外全家一起做治療，彼此有更好溝通、情感連結、危機處理方式與求助資源很重要，不要讓此家庭孤立於其他系統之外。因為國內法律程序繁複且冗長，加害人有機會回到家庭中，除了法律對加害者有強制教育或參與團體的要求外，如何讓一家人團聚過生活、暴力不再發生，家長的親職教育、情緒管理與正向管教等，都可以是諮商含括的主題。

只是目前社福、醫療與法制單位的橫向聯繫仍舊大大不足，各單位依然本位主義作祟、難提合作無間，諮商師為了當事人與相關人的永續福祉，需要拋棄成見、努力溝通與協調，至少讓家暴家庭成員願意向外求助、為其連結資源，以免不幸事件重演，專業助人者責無旁貸！

## 我國國小階段最常發現的議題

人際（包括霸凌、退縮、孤立等）

課業（壓力、補習、學習成就或動機低落、過度使用網路等）

家庭（家庭失能或親職失能、家庭不睦、家暴、親子問題等）

其他（創傷、性別認同等）

## 孩童遭受家暴的可能徵象

**行為出現問題**　包括學業表現與動機低落，不信任或孤立自己，與人關係疏離或暴力相向，出現破壞物品或攻擊行為、強迫行為，會抱怨身上有疼痛，或害怕被觸碰，衣著不合時宜（例如：熱天穿長袖上衣），情緒表達失常、有不適齡的性行為表現、逃學或逃家、退化行為等。

**情緒出現問題**　包括情緒不穩定、容易哭泣或悲傷，焦慮、無望，覺得有罪惡感或羞愧，低自尊，或對他人懷有敵意，有自傷行為或自殺意念、失眠或是精神不佳。

**身體上出現徵狀**　身上有不明傷痕、頭痛或其他疼痛症狀、重要部位的疼痛與不適、頭暈、噁心或有性病等。

## 家庭暴力的型態（通常心理／精神虐待與不同形式的虐待是並存的）

肢體暴力或過度體罰（管教失當）　性虐待（不適當觸摸、窺伺或是性行為）

言語與精神虐待（通常肢體暴力都伴隨著言語與精神虐待）

金錢或行動控制（像是孩子要出門就打）

**+ 知識補充站**

暴力的發生是因為「控制」與「權力」，社會文化的男權至上氛圍，也是助長的關鍵因素，加上我國重視家族與宗族的集體意識，常常將家暴視為家事，其他人不願意干涉，也使得家暴延續時間過久，造成悲劇後才被發現！

# 單元 29 特定議題的處理（二）：家暴受害女性

家暴受害者有八成以上是女性，當然也有男性。我國內政部 106 年統計家暴通報有九萬五千多件，其中十分之一受害者未滿十八歲，而在美國每年受到親密伴侶傷害的就有兩百萬婦女，也就是每十對夫妻或親密伴侶裡，就有一對涉及家庭暴力，也因此家庭暴力是造成美國婦女受傷的第一大原因，家庭暴力的再發率很高，不是一次意外事件而已（Kaplan, 2000）。

家暴之所以產生，主要與「權力」及「控制」有關，以及男性至上的沙文主義所造成，許多男性在工作或人際上不如意，回家將氣憤發洩在家人身上，妻子與孩子首當其衝。家暴的形式有許多種，有些是同時進行的，像是肢體、語言、精神、財務或行動控制等，也就是施加肢體暴力的同時，也伴隨著語言（鄙視、汙衊）與心理或精神的暴力，這些對於受害者的傷害更劇。施暴男性認為家中女人或孩子「不聽話」就是「不尊重」他，經濟上要他一肩扛起家計、壓力甚大，若妻子也工作，甚至收入較多，也會影響到男主人的「男性氣概」。對於家暴的女性受害者而言，許多人不認為自己可以掙脫這樣的命運，自我價值低落、害怕親密關係、對人不信任等，是眾多影響中較嚴重的部分，也是諮商師可以著力的地方。

美國許多家暴受害者被安置在中途之家後，卻常常受到加害者之攻擊或殺害，因此有人開始研究原因，可能是因為若在家中，受害者較清楚家暴的危險訊息、會先採取防衛措施，然而在其他的環境中，敏銳度可能降低，也較無防禦能力。許多人誤解聲請強制令的效能，以為一旦聲請就沒事，殊不知警方是要有「行為事實」才會採取行動，受害者還是要靠自己的警覺與自衛措施；再者，加害者可能因為受害者讓法律介入而更覺氣憤，其報復行動可能益發激烈。

諮商師在協助家暴受害女性同時，要先確保且時時戒慎當事人的安全與相關安全維護措施，讓當事人隨時有危險情況發生都可以保護自己與求救；有些當事人是因為家暴而逃家，會因為思念孩子而重返家門，卻遭到更多暴力攻擊！因此對於當事人身為母親的考量，諮商師也要確保其子女是被安全安置、沒有受到暴力波及，同時她可以與孩子維持聯繫，這些工作都需要與警察法治及社福單位密切合作。家暴受害者容易因為自身的情況而主動疏離原生家庭或朋友（擔心被知道而感到羞愧），因此恢復、維繫及強化其支持系統是避免未來暴力的重要機制，或許夫家或原生家庭成員會有責怪或誤解，也需要趁機釐清與做正確教育。

**小博士解說**

許多受暴女性認為「愛」可以改變一切，卻忽略了重要警訊。暴力的循環通常是：暴力發生→加害者乞求原諒→蜜月期→平靜期→暴力發生。

## 造成家庭暴力的危險因素（Kaplan, 2000, p.50）

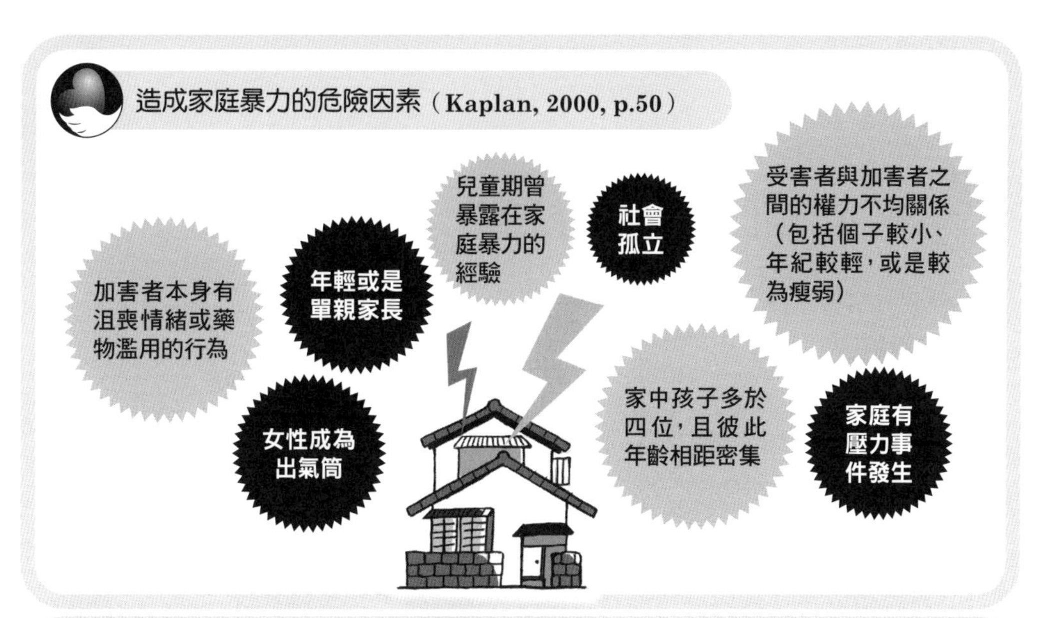


## 家庭暴力受害者可能出現的行為徵象（Gerard, 1991, pp.104~105）

## 防範家暴的做法

★家庭規範清楚明白，也將不遵守的後果先行告知與釐清。

★對於孩子的管教，要父母雙方先協調好一些規則，如果一方情緒較激動可能會失控，另一位家長就可以做安撫與替手做管教。

★親子關係會影響到孩子受處罰時的感受，因此平日溫暖的親子關係比嚴厲的管教更重要。

★孩子即使做錯事，也要給他解釋申訴的機會，甚至給予第二次修正機會。

★如果家長一方很容易失控，也容易以暴力處理事情，其他家庭成員要先保護自己避免可能的傷害，也可以請家中其他較具公信力的長輩來勸說、緩頰。

★一旦家中有人因為暴力而受傷，就要趕快做處理，首先是保護已受害者的繼續受害（必要時請親友照顧），再者要顧及其他可能遭受池魚之殃的人，安置之後不管是受害者本身或是目睹暴力者，都要積極尋求相關機構與專家協助，不要以為這只是「偶發事件」而失去了警戒心。

# 單元 30 特定議題的處理（三）：校園與職場霸凌

校園霸凌是近年來政府努力防治的議題，因此有友善校園及生命教育的倡導，然而霸凌行為卻因網路的無遠弗屆更為盛行且嚴重。根據兒福聯盟 2014 年針對國小到高中職學生的霸凌調查，推估至少過去一年有四萬人以上遭受霸凌，言語霸凌（73.1%）及關係霸凌（63.5%）所占比例最高，女性遭受此兩類霸凌者遠遠高於男性，男性肢體霸凌高於女性。網路霸凌情況嚴重，76% 曾有過網路霸凌經驗，而其中 93.2% 發生在社群網站上（兒福聯盟，2016）。

從校園霸凌延伸而來更嚴重的是職場霸凌。所謂的「職場霸凌」是指在工作場域以威脅、脅迫、羞辱或貶低、孤立或損其聲譽及工作表現的行為（Fox & Stallworth, 2009, p.220），然而也因為定義多元而不清，影響研究與調查之進行，職場霸凌也常被視為是個人、不可避免之人際衝突而受到忽視（Fox & Stallworth, 2009, p.221）。職場霸凌形式包括騷擾、歧視、施虐的上司、粗魯無禮、孤立、人際衝突與攻擊（McCord, Joseph, Dhanani, & Beus, 2017, p.1），其中尤以「施虐上司」的影響最大（Fox & Stallworth, 2009），造成下屬整體的心理挫敗感、壓力、無力感、低自尊、高焦慮，認為機構不公平，因而對工作與生活滿意度降低，不願意投入工作與信任、孤立自我，影響其工作表現（Fox & Stallworth, 2009, p.223），然而若有工作資源、社會支持與工作熱忱，則可減緩職場霸凌的產生（劉祥得、張嘉怡、高木榮、楊文理、鄭展志與張孟玲，2015）。

以往的職場霸凌較容易出現在有僵固權力位階的場域，像是軍中、醫療院所與政客，目前對於職場霸凌較多研究的是針對醫療院所，醫師或主管階級對醫護人員，或是不同醫護層級的上對下欺壓。霸凌說穿了還是權力與關係的議題，有權力者就容易依恃其所擁有的正規與非正式權力，獲取利益或做些損人不利己的行為。根據許多研究，在職場遭受霸凌者不是默默在忍受，有極大多數是選擇離開職場，而能夠持續待在職場中沒有離開的，至少有兩類人：一是不得不，因為這個工作的緣故，還有背後許多經濟壓力因素，另外一種是韌性夠高、能力夠大的。防治校園霸凌的根本之道，需要整個大環境與相關人員的投入，還要有效的系統運作，不是針對受害者或加害者做處理而已，比較棘手的還是職場霸凌，受害者離開職場並不表示問題就解決了，那種身心靈的創傷可能會持續終生。

諮商師在面對霸凌受害者時，除了解、支持、協助問題解決策略（例如：放鬆、肯定訓練）與運用之外，還需要積極倡議、改變立法與政策，至少與該機構負責人一起商議正確、有效的處理方式與流程，才能夠真正防止霸凌的惡化。在機構內外成立固定的自助或支持團體，讓機構成員彼此鼓勵、協助、齊力對抗，其效果更佳！

## 霸凌種類

|  |  |
| --- | --- |
| 肢體霸凌 | 打、捶、推擠、限制行動等。 |
| 言語霸凌 | 取綽號、用言語刺傷、調侃、戲弄、嘲諷弱勢同儕、恐嚇威脅等。 |
| 性霸凌 | 以身體、性別、性取向、性徵為取笑或評論的行為，或是以性的方式施以身體上的侵犯。 |
| 反擊型霸凌 | 是受霸凌者長期遭受欺壓之後的反擊行為。 |
| 關係霸凌 | 藉由謠言、威脅、利誘等方式中傷、排擠或孤立某人。 |
| 網路霸凌 | 藉由網路散布不實謠言、圖片、影片等傷害某人（或商店）聲譽，或孤立某人。 |

註：勒索財物者也是霸凌行為。男性較多直接霸凌，如肢體霸凌、威脅勒索；女性較多間接霸凌，如言語、關係霸凌。職場霸凌以威脅、阻擋資源、語言與人際霸凌居多。

## 霸凌的影響

在成年之前的「反社會」行為有增無減，成年期之後，其犯罪記錄較之一般人要高出許多！霸凌者的暴力傾向，讓人際關係受損，造成孤單，或只是跟某些特定人在一起（包括參與幫派），也影響到其工作的持續性以及家庭（例如：暴力傾向、下一代的模仿）。對於幼年時期受到霸凌的人來說，成年後也會碰到許多生活適應上的問題，譬如交通違規、酒醉開車、家庭暴力、犯罪等等。

受害者：睡眠困擾、尿床、頭痛、腹痛等身體不適應狀況，常覺得悲傷難過、焦慮、過度敏感、警戒性高、孤單沒有朋友，甚至導致長期憂鬱沮喪，以及缺曠課、不敢上學，有的甚至以自殺來結束這一切。有些受害者有「重創後遺症」的徵狀出現，嚴重妨礙了日常生活功能。對於女性受害者來說，長期影響可能延伸到成年之後，青春期困擾增加，懷孕、生產或罹患女性疾病的機率大增，對於自己擔任親職工作沒有信心，甚至過度保護或是忽略孩子需求。

旁觀者：害怕成為下一個受害者，也覺得內疚或無力感，在成人無法有效介入的情況下，更加深了他們的恐懼，可能會認為世界是不安全的、「權力至上」、個人價值不受重視、他人的感受不重要，也會質疑「合作」的價值。

# 單元 31 特定議題的處理（四）：壓力與情緒

壓力會影響情緒，情緒也會累積成壓力。壓力（stress）與焦慮一樣，適度的壓力與焦慮會促使個體發揮潛能、激發創造力與產能，然而過度的壓力會造成持續警戒、最後耗竭的情況，影響個體的行動或表現，甚至造成心臟組織的傷害（Curtis, 2000/2002）、情緒失控、免疫力降低、神經系統失衡（Goleman, 2011/2013, p.82），讓疾病有機可乘，甚至產生身心問題。現代人面臨全球化競爭與數位科技的進步，每天生活中的小事件都可能累積成重大壓力源，平日個人會以自己的方式紓解，但若不慢慢釋放、處理，情緒可能一夕之間爆發，害了自己、也影響他人。

身處目前這個科技發達、競相爭逐的時代，很少人沒有壓力，而壓力又與主觀的解讀或重視與否有關，完美主義、A 型人格者通常會感受到較大的壓力，倘若加上低挫折忍受度（事情發展不如其預想就不行）、不喜歡求助，就可能常常處於緊繃狀態。解決壓力的方式有「情緒聚焦」（以紓解情緒為主）、「問題聚焦」（以解決問題為主）或「認知聚焦」（轉換想法）。轉換想法其實也將情緒做了處理，許多人會將情緒部分處理過後，再轉而去處理問題，然而有時候問題不是可以立刻獲得解決，還需要時間的過程（像是等待放榜結果），因此這兩種解決方向都有其功能。

諮商師在治療現場見到當事人，要先去了解當事人曾經使用過的紓壓與情緒紓解方式有效程度如何？當事人的治療目標為何？個人性格、因應能力、時間管理、可用資源與人脈等，都是能否適當處理壓力的重要因素，而若長期使用少數一、兩個紓解情緒／壓力的管道（例如：抱怨、發洩在他人身上、吃東西），即便無效仍不知變通，可能就會惡性循環，產生許多不良後果。有時候當事人的壓力源（例如：在職場受到霸凌，但是目前無法轉換跑道或機構）是持續不斷的，諮商師可能也無法協助其做有效解決，此時陪伴與支持就很重要，也要評估、留意是否有危機？由此也可知，個別諮商並不一定可有效解決問題，諮商師為了當事人的福祉與利益，必須要創發一些新的思考與做法，連結與運用適當資源，讓當事人有希望感、事情會有轉圜的餘地。

諮商現場也會碰到情緒失控或有暴力傾向的當事人，諮商師要保持冷靜，用持平、溫暖而緩慢的口吻告訴當事人：「我知道你現在很生氣，到底發生了什麼事？我想要知道怎麼幫你？」先安撫對方的情緒，不要激怒當事人或義正嚴詞，而是看有無開啟對話之可能性，還可以說：「要怎麼做？我們可以一起合作 / 努力？」站在當事人面前維持與其之適當距離、與當事人有適當的眼神接觸，最好不要擋在通道口（門邊）、妨礙自己逃脫，也不要與當事人有肢體碰觸（除非必要），給當事人保證事情可以解決，不要與盛怒下的當事人爭辯，確定機構有安全計畫，以及相信自己的直覺 (Shea, 1998, cited in Hodges, 2021, p.224)。若諮商室內有緊急按鈕可使用（通常是通知其他機構成員），必要時可善加利用。

有些壓力的確是自找的，像是希望討好所有人，因此不敢拒絕，諮商師可能就需要訓練當事人如何說不，只是這樣的改變一旦發生，當事人可能會承受許多抗拒其改變的壓力，因此除了技能的養成與精熟之外，建立當事人的自我強度及挫折忍受能力很重要。

## 情緒的功能

### 警告與求生

像是害怕、擔心等情緒，其目的是警告有危險或是要個體不要去接近，以免危及性命。

### 社會功能

情緒可以讓我們站在對方的立場去體會不同的心境與感受（同理心），藉此就可了解他人，並與其做適當溝通，有益於社會網路的維持與人際互動。

### 生命體驗

因為經歷不同事件而有不同的感受，讓生命更添姿彩。倘若我們只有快樂情緒，在沒有比較的情況下，快樂也毫無意義了！人有七情六慾，也因此更能體會生命之豐富！

## 情緒壓力的「一般適應症狀」（general adaptation syndrome, Selye, 1956, cited in Carlson & Hatfield, 1992, p.478）

(alarm stage)
準備好要迎接威脅

(resistance stage)
試圖要處理那個威脅

(exhaustion stage)
因應威脅後而產生的疲憊

## 壓力引起的身心症

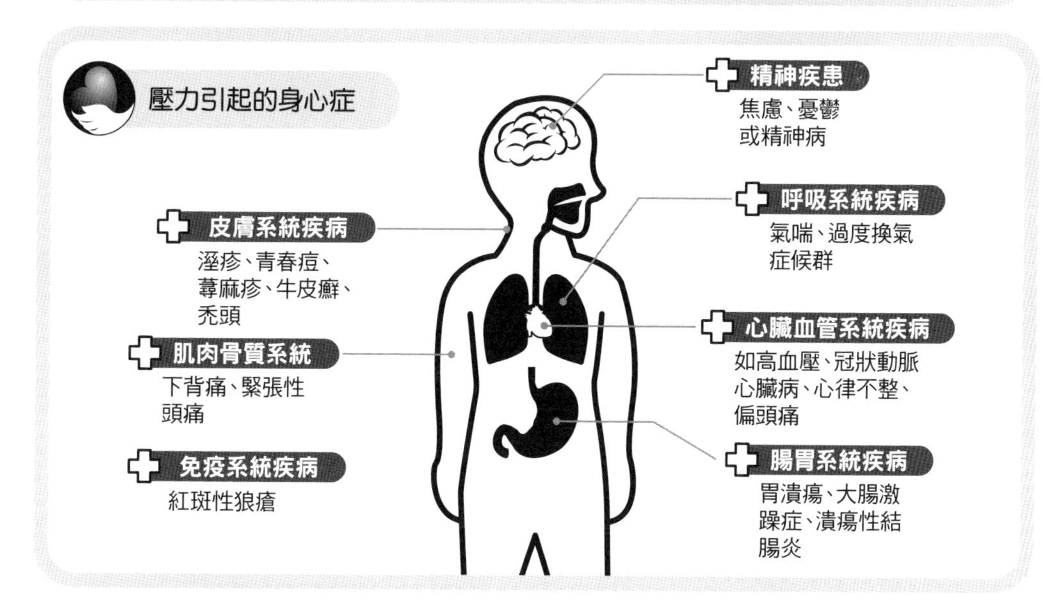


**+ 知識補充站**

一個良好壓力因應者具有的特徵為：有良好自控力及操縱環境的能力、對事情或工作很投入且可忍受暫時的不快樂、均衡飲食與規律運動、善用周遭的社會支援與網路（李明濱，1997, p.41）。

# 單元 32 特定議題的處理（五）：憂鬱症患者

與情緒最相關的疾病就是憂鬱症。憂鬱症被視為現代的文明病，分布在不同族群與年齡層，有些憂鬱症患者還有自殺傾向。臨床治療師發現有所謂的「小自殺」——有些行為是有害身體健康的，有些行為則是牽涉到退縮的生活形態，像是太多不切實際的幻想、有所保留（否定了個人或職業的目標），以及漸進式的自我否認（放棄了肯定生活的興趣）（Firestone, Firestone, & Catlett, 2003, p.170）。Blatt 等人（1976）發現，從憂鬱症到自殺會出現三個層面的情況：依賴感（尋求協助與支持的需要）、自責與自我否定（批判自己所犯的錯誤、自我評價低）、無力感或無效感（許多事情與行動已失控）（引自林綺雲，2004, p.189）。這也說明了憂鬱症與自殺死亡之間的可能關係。

憂鬱症的治療必須要兩個管道同時進行：（一）去身心科就診——因為長久的情緒低落會造成血液裡的血清素濃度降低，已經造成生理上的問題，需要藥物協助；（二）與諮商師晤談——將真正的問題（根源）說出來，思索有效的解決之道，才可以把心結或真正問題解開。倘若中、重度憂鬱患者未同時接受身心科醫師治療，諮商的效果並不佳！

憂鬱症患者最大的障礙在於不願意就醫，擔心見醫生或諮商師而被汙名化，有些也無病識感（不認為自己生病了），而家人也不一定可以說服其就醫，但是患者反覆出現的一些情況，很容易讓家人與朋友失去耐心，若憂鬱症者同時是高危險自殺族群，在親友疲乏的情況下稍不留意，很容易就自戕成功。

憂鬱症患者前來求助，諮商師先確定其情況，若需配合藥物的使用，就要聯絡身心科醫師一起協助，同時監督當事人服用藥物的情形。若干患者對藥物的副作用不喜歡（如嗜睡、動作笨拙、不像自己），卻沒有與醫師討論而擅自停藥，在這樣情緒波動的情況下，諮商效果不佳。陪伴憂鬱症患者很重要，特別是家人幾乎要放棄當事人的時候，雖然治療的路很漫長，但是都有希望。諮商師對於目前憂鬱症藥物的種類與相關效果或副作用也要有所了解，這樣在與醫師溝通時也較為明確、清楚，同時對於當事人服藥的情況與效果也能較能掌握。

此外，憂鬱症不是病人個人的戰役，家人了解憂鬱症、不抱持不切實際的想法，知道因應處理患者的一些狀況，甚至可以一起參與諮商，都可以讓患者的情況大幅改善、正常生活。若是社區或醫院裡有病患的治療團體（不管是有人帶領或自助式團體），諮商師都要鼓勵當事人（或家屬）參與，可以減少孤立感、彼此支持，團體成員的成功經驗可以學習、經歷的挑戰可以預防，這對於諮商師不能隨時在旁，患者卻可以慢慢走回熟悉的生活與社群幫助極大！

## 憂鬱症的診斷標準（以下的徵象符合5項，就可能是憂鬱症，需要就醫。）（心理疾病與統計手冊，DSM-V）

- 幾乎每日失眠或睡不著
- 不能思考或專心
- 幾乎每天情緒低落
- 動作不穩或遲緩
- 覺得自己無價值或有不當的罪惡感
- 感覺疲累或缺乏精力
- 對於原本感興趣的事物或活動興致缺缺
- 體重明顯減少或增加
- 會一直想到死亡

註：憂鬱症是以成年女性的徵狀為判定標準，在面對兒童或青少年的情緒問題時，要注意診斷的可能差異。

## 正視自殺與憂鬱症的關聯（林綺雲，2004, pp.196~199）

❶ 憂鬱或自殺被認為是個體的現象，於是有意無意地孤立該個體，甚至將自殺視為「偏差行為」，造成個人更陷入絕境，甚至求助無門！

❷ 許多人忽視憂鬱症或自殺的主要原因，尤其是家庭壓力因素。

❸ 許多人認為憂鬱症或自殺會自行好轉或療癒，卻忽略了最近的失落經驗或壓力，可能是壓垮個體的最後一根稻草。

❹ 一般人對於憂鬱症與自殺有許多誤解與迷思，將其視為心理疾病或與疾病無關，沒有訴求正式醫療管道、而是運用民俗或另類醫療，也妨礙了其治療與處置。

❺ 大眾傳播媒體的失職與失控，惡劣媒體文化將自殺資訊做負面報導與渲染。

❻ 從憂鬱到自殺有其心路歷程，有自殺傾向者會透露一些訊息，但是國人缺乏警戒或尋求適當管道協助。

❼ 一般人重視自殺者的憂鬱，卻忽略了自殺未遂或照顧者的需求，尤其是缺乏對自殺高危險群與徵象的正確了解。

❽ 有效的自殺防治在於事前預防與事後協助，因此需要全面規劃與團隊合作。

**＋ 知識補充站**

「憂鬱三角」是指：憂鬱症患者會認為未來無希望、自己無法改善現況，也對周遭世界不抱持正向期待。患者看不見希望，每日痛苦過生活，這樣的經驗一般人不容易體會。

# 單元 33 特定議題的處理（六）：性傾向少數

性別認同（包括性認同）是發展階段很重要的一環，也是自我的一部分。性傾向少數族群到現在還是承受許多社會的異樣眼光，以及法律或生活上的不平等待遇，多元成家方案一直未能三讀通過就是其一。以往的觀點認為這些人是「不正常」或「有病」的，後來將他們視為遭受創傷的受害者，現在有許多研究顯示性傾向是天生的，只有極少數是自己的選擇或創傷受害者。既然性傾向是天生的，那麼所有人都應該享受一般人擁有的人權與對待。

性傾向少數的孩子在年幼時就會發現自己與人不同，只是不知道要如何著手了解，等到青少年時期通常就會去找相關資源來了解自我或解惑；然而在青春期有許多成長、家庭、教育與社會的期待，加上性傾向是認識與接受自我的重要關鍵，因此倍感壓力。性傾向是自我的一部分，但是對大多數的異性戀者而言，不太容易察覺到這方面的急迫與重要性，因為整個大環境是以異性戀為主。性傾向少數族群極少會因為自己的性傾向而來求助，可能是因性傾向的現實情況而影響到其情緒、自我價值感、親密及親子關係才前來，而且大多數是經由轉介管道而來見諮商師。

諮商師在與當事人晤談之際，可能會猜測當事人的性傾向，若當事人不願意透露，不必逼迫，也不需要催促當事人現身，得要考量當事人目前的年齡及成熟狀況、家庭與相關資源（如經濟能力），貿然現身有許多負面的結果接踵而來，若當事人還沒準備好，現身對當事人來說有害無益。許多家長會前來詢問孩子是否為同志，因為他們發現有蹊蹺，但是不敢確認或承認，因為櫃子一打開，許多人都會連帶受到影響、許多問題要面對，此時諮商師的重要工作就是提供資訊與教育。

諮商師在面對同志或雙性戀等族群，可能無意中會傳達出自己對性傾向的價值觀，因此要覺察、謹慎，不需要逼迫當事人出櫃，必要時針對性傾向刻板印象做教育與釐清，倘若當事人性活躍，適當的性教育與防護措施很重要，區分性傾向與性行為是不同議題，協助當事人因應他人對其性傾向之反應，以及讓當事人了解同志的不同生活形態。若當事人選擇要現身，讓其了解現身是終生的過程，每個發展階段及環境中其他因素都須納入考量。

若諮商師本身是性傾向少數族群，面對同樣是性少數當事人的優勢是感同身受，可擔任成功楷模，然而要特別注意過度同理及界限問題。此外，諮商師可以提供其他適當的角色楷模、正確的資訊與網站資源，以及相關的團體組織，可以協助當事人生活過得更滿意。當然諮商師也是重要的改革倡議者，針對社會公義議題與政策，都是重要力量。

## 同志「現身」的影響因素（Newman & Muzzonigro, 1993, p.216）

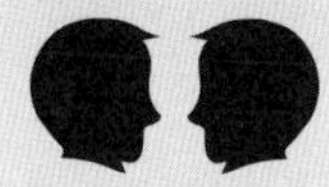

性別因素（對於自己性別、想要現身的對象性別的考量，男同志比女同志有較多顧慮）

異性戀／同性戀經驗的多寡（加上經驗的好壞感受）

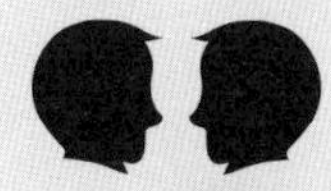

雙親對同性戀的態度（父母親對於此一族群的態度保守則現身困難度增加、反之則減少，也因此當事人會用不同方式「探知」父母親的想法）

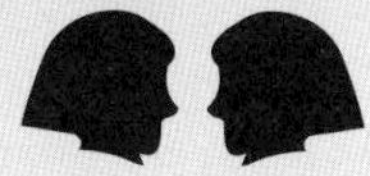

與父母之間的關係（保守傳統的家庭對於性別的刻板印象更深，家人也比較不能接受這樣的事實，而當事人也深怕引起家庭風波）

## Cass（1979）諮商工作者可提醒家長協助孩子

| 協助孩子 | 說明 |
|---|---|
| 協助孩子重新定義所謂的「不同」的意義。 | 每個人都不一樣，「不一樣」不會造成人的優劣，而是在於一個人怎麼接受及發揮自己的獨特性與潛能。 |
| 避免太早予以標籤，試著去肯定孩子的感受是正常的。 | 青少年階段有許多對自我了解做試探性的動作，家長如果碰到類似疑問，也可以與孩子一起去研究、判斷與商議，同時同理孩子此時可能有的一些情緒感受。 |
| 處理孩子的孤離感、被排斥的感受、焦慮與害怕，提供角色模範，協助孩子建立或開拓支持系統。 | 孩子發現自己的性傾向是少數的、弱勢的，再加上看到這個族群所遭受到的待遇，以及大社會，甚至身邊家人的負面反應，害怕、焦慮等情緒很早就會出現。家長不妨提供一些現存或已逝的同志角色楷模，甚至協助孩子找尋一些自己心儀的偶像，做為效仿對象，並說明性傾向只是人的一部分、不是全部，一個人最重要的還是做自己，成就自己想要達成的目標，過自己想要的生活！ |
| 解析負向的經驗、談論「曝露」性傾向的擔心、如何做「現身」的決定、提供認同過程模式與採取措施、促進人際關係技巧等。 | 如果孩子覺得不自在，不必急著做現身的決定，因為現實世界仍有許多的阻礙與歧視，現身可能也會影響到他（她）的人際關係、未來工作環境等，將現身的決定權交給孩子，也協助孩子發展更佳、更自在的人際與親密關係。 |
| 教導安全的性行為、肯定自我價值與提升自尊。 | 親密關係的發展也是很重要的認同與歸屬的需求，教導孩子安全、保護自己的性行為，也是一種自尊尊人的表現。 |
| 支持其自我接受是同志、避免與異性戀者之間的「二分法」（抗拒或排擠非我族類的觀念與行為）。 | 不管孩子的性傾向為何，都是父母親摯愛的寶貝，傳達這個保證與關心對孩子是最重要的，而接受自己的性傾向就是接受自己的一部分。 |
| 協助孩子做自我統整的功夫 | 很清楚自己是誰、想要完成的使命與願景又是什麼？人生的重點不在於性傾向，而是這個人本身。愛自己、疼惜自己、發揮所長，也關切周遭的人事物，對他人與社會有所貢獻，做自己想要做的自己！ |

# 單元 34 特定議題的處理（七）：父母離異子女

家庭結構解離在現代已經不是新鮮事，臺灣目前離婚率近三分之一，有許多離異夫妻仍然同住一屋頂下、卻形同陌路或互相攻訐，造成孩子身心重創。我國人在離異之後，夫妻多半不能成為朋友，即便共同有孩子，也容易因為彼此的怨恨，而拿孩子當籌碼，孩子就成為當然的犧牲者。父母離異的子女在雙親依然對彼此不諒解、不願意放下的情況下，有許多負面的影響產生。許多鬧離婚、分居或是正式離異的男女，總認為是對方的錯或對方應為離婚負起責任，在爭財產、子女撫養權的同時，都為私己利益在考量，不願意站在共同公約數——子女福祉——的立場著想，因此即便是離婚成定局之後，還是紛紛擾擾，讓所有相關人不得安寧。

研究顯示，雙親不睦的孩子，其適應情況較之父母離異或雙親之一死亡的孩子更差，雖然離異可以讓彼此惡劣關係結束，卻往往風波不斷、糾結纏繞，甚至延燒到孩子成年。離異對於相關人（父母子女與姻親）來說，都是一個失落經驗，一個親密關係的結束，也表示新的關係開始，但是我們似乎比較在意失去的部分。父母親是孩子第一個接觸的人類社會，在這裡學習與成長，而孩子與主要照顧人的依附關係會延續到成年之後與他人的關係，諮商師從當事人目前的親密關係與型態，就可以推估其雙親關係或家人互動情況。夫妻之間的關係，當然也影響著孩子的婚姻觀，若雙親關係不良，子女害怕親密關係往往多於想要建立新的伴侶關係，最擔心的是重蹈雙親覆轍、在關係中受創。人際關係是影響個人身心健康最關鍵的因素，而在親密關係顫顫巍巍、永不停歇的害怕，對於個人自信與自我價值感有嚴重影響。

諮商師處理雙親離異的當事人，除了關係失落的議題之外，還有個人認同與安全感的部分需要著墨。對於年幼的孩子來說，首先要了解其對於父母離異的歸因，許多孩子認知能力尚未成熟，常常有「罪己」（都是他／她造成）的歸因，但是成人卻忽略了孩子的感受與想法。諮商師需要釐清的是：1. 父母離異與孩子無關，是雙親自己無法繼續相處與生活；2. 父母親永遠是父母親，不會因為離異而改變，他們對孩子的愛亦同！成年子女會擔心自己成為下一個父母親、有不幸的婚姻，諮商師可以強調：「父母親是讓我們學習的，孩子的人生與雙親不同」，與當事人一起討論從雙親那裡學習到的有哪些？願意繼續傳承下去的為何？若有機會修復與雙親之間的關係，可以怎麼做？當然若可以將雙親納入諮商，大家一起平心靜氣、理性地討論，對所有相關人最好！

## 離異家長注意事項

- 不要以孩子為自己情緒的出口（包括孩子「像對方」的部分）
- 勿刻意醜化對方（你要讓孩子恨自己的親生父母親嗎？）
- 勿以孩子為彼此爭戰的籌碼（孩子是無辜的）
- 固定與另一位家長商議怎麼做對孩子最好（因為你們永遠是孩子的父母親）

- 可以與孩子商量家庭情況與需要合作的部分（分攤責任與合作）
- 抽出時間與孩子共處，了解他們的近況（讓他們覺得自己被愛）
- 鼓勵孩子與另一位家長保持固定與持續聯繫（孩子就不會對親密關係生懼）

## 國內離異相關的事實

- 子女跟隨母親的居多（大概四比三）。
- 父母親再婚的比率是二比一。
- 女性會擔心再婚或同居人對待孩子不好。
- 男性再婚通常是因為需要有人協助照顧孩子。
- 單親母親的經濟狀況較單親父親差。
- 單親母親的角色衝突（管教與愛）較多。
- 雙親離異後若不積極經營關係，子女與未同住的家長關係漸形疏離。
- 子女會擔心離異家長的愛被分割，許多不贊成家長再婚，但是成人或成家之後會希望家長有伴。

## 單親家庭可能面臨的壓力

- 居住問題（因經濟問題選擇較偏，或距離工作地較遠處）
- 社會眼光或汙名（心理壓力）
- 無求助管道或可用資源（包括朋友或親人）
- 工作與親職角色的衝突
- 人際較孤立
- 自身壓力（如情緒沮喪、無討論對象或紓壓管道）
- 經濟壓力
- 家人或家族壓力（如要其再婚、子女間之比較）
- 親職壓力（子女行為、課業表現等）

**＋ 知識補充站**

離異家庭的原生家庭（與親人）可能因為離異之後就不相往來，倘若理解離異只是夫妻兩造的事，罪不及子女，而可以持續給予孩子適當的關愛、資源與協助，當是子女之福。

# 單元 35 特定議題的處理（八）：上癮行為

因為科技發達，造成生活太輕鬆、便利，不需要像以往的人類一樣，為了餬口而奔忙，再加上許多的電腦及娛樂選項，因此為了打發時間與無聊，許多人迷上了電腦遊戲，或是藉由藥物讓自己不需要去煩惱這些生命的終極意義，造成更多人迷失在藥物或電腦世界裡、不可自拔！美國及北歐一些國家，將大麻的管制減少，改列為「娛樂性」或「助興」藥品，甚至可在一般商店販售，使得栽種與販售的人口增加。藥物危害人類不只是工作的生產力而已，還會破壞大腦功能、產生心理疾病，進一步還犧牲了家庭與個人生命，更遑論生產力與國力！

藥物造成的影響、包括犯罪、家暴、疾病、生產力喪失、增加性病（包括 HIV/AIDS）感染的可能性等等。臺灣的吸毒人口已經呈現倍數成長，許多意外或自殺數據也與藥物脫不了關係，但勒戒治療效果不如預期，這些主客觀因素將會造成不久的將來國力與人力嚴重傷害及損失。禁藥的使用已經成為動搖國本的一環，我國近年來因為販藥、運藥，成為許多國家關注的黑名單，加上法定藥物的規定（非三級藥物）、警方績效（藥物等級越高越有績效）影響，以及國人習慣使用街角的藥局處方，藥物氾濫已是刻不容緩的國安議題。

此外，科技上癮（特別是手機）是現代人的另一層隱憂，世界衛生組織已經正式將數位（網路）上癮列為值得關注的重要議題。網路成癮已經是全球性的問題，美國人口中，有八分之一有至少一項的問題上網行為，2008 年美國醫學會估計有五百萬兒童遊戲成癮，而亞洲國家中的中國、韓國與臺灣也極為普遍（Young & de Abreu, 2011/2013）。

國外研究暗示了經歷過社會焦慮、憂鬱情緒或家庭衝突者，也是網路上癮的當然候選人（De Leo & Wulfert, 2013）。網路成癮的致病因素有許多，有些是合併因素使然，而家庭也可能是造成孩子網路成癮的變項之一。張立人（2014）提到網路成癮家庭的特徵，包括：家長過度保護或過度期待，孩子太早受到電子產品的誘惑（少自我控制能力）、忽略親職、讓電子產品當孩子的保母、兒童虐待或隔代教養。許多上網行為可能與工作之科技產品有關，然而卻也驅使網路使用的增加，最後就形成一種習慣，甚至成為強迫行為。

人手一機的現代，手機功能的日新月異，科技上癮的普遍性，也帶給諮商師新的挑戰，認知行為的介入固然收效最佳，卻也不能忽視家庭親職與環境的影響，以及個人作息及自律習慣的養成。美國紐約州的國小規定，不讓孩子帶手機上學，有些餐廳也有使用手機的禁令。德國為了低頭族還特別在地上畫上交通號誌，許多政策與法令的配合，到底是方便、還是規範了數位科技之使用？或許在短時間之內沒有確定答案。

## 2010年5月，美國歐巴馬總統宣布啟用「國家藥物控制政策」聚焦的核心領域（Moritsugu, Vera, Womg, & Duffy, 2016）

- 加強預防社區內的藥物使用。
- 整合藥物使用引發的心理疾病的治療到健康照護及支持期復健的系統裡。
- 瓦解家庭藥物的運輸與製作。
- 改善資訊系統來做更好的分析、評估，以及讓當地人都知道藥物的使用與後果。
- 在健康照護系統內，尋求早期的介入機會。
- 打破「藥物使用→犯罪／少年犯罪→入獄」的惡性循環。
- 加強國際的合作關係。

## 使用3C產品對孩子發展的影響（Goodwin, 2016）

**依附行為與關係**

家長使用手機影響與孩子的直接面對面互動，也影響孩子日後與人的互動／關係。

**語言**

孩子需要在與家長互動對話中培養其語言能力。

**身體活動**

身體活動有助於腦部與身體發展。

**睡眠**

手機或電視藍光影響孩子的睡眠節律，孩子無法獲得充足有效的睡眠，影響其發展、專注力與學習。

**遊戲**

手機遊戲讓孩子處於較被動角色，孩子還是需要傳統的遊戲活動——激發其創意、建立與人互動及合作能力。

**營養**

接收不良食物訊息或飲食不定時，都會影響孩子的營養攝取與發育。

**執行功能技巧**

影響孩子的專注力（如同時開許多電腦視窗）與學習力（孩子只是從電腦或手機「下載」與「卸載」，沒有真正去記憶或吸收）。

**＋ 知識補充站**

網路成癮的核心特徵有：獨特感受（渴望上網、未上網時對網路念念不忘）、情緒改變、耐受性（滿足需求的限閾提高）、戒斷症狀（一旦不使用會焦慮難受）、衝突與爆發（容易與人有衝突及情緒爆發，復發上網行為）（Young & de Abreu, 2011/2013）。

# 單元 36 特定議題的處理（九）：老年照護

東方受儒家文化影響，認為年邁雙親應由子女照顧終老，將父母親安置於養護機構是羞恥或違反隱私權的行為，然而隨著全球少子化與人口老化，還有經濟衰退的大趨勢，養兒不防老、啃老繭居族盛行，已是人性之常。

Durham（2004）指出：「現實是——大體上我們對年老父母照顧的熱情與承諾是不如我們給子女的那樣多。」（p.27）老年照護若無經濟奧援，勢必得仰賴政府救濟或子女協助，使得老年生活更添變數。

擔任照護工作者常常會因為是出於義務而非自身意願、未得到其他家庭成員的協助或資源，以及未能看到受照顧者在短期之內康復或逐漸好轉等因素，而感到身心俱疲（Brown University, 1998）。老年父母照護與教養下一代最大的不同，在於前者有太多不可預測的變數，而且許多年老父母照護工作是落在女性肩上，想想中壯年女性照護年老父母，自己的體力與精力都走下坡的情況下，照護工作勢必成為另一種壓力源，可能也會造成家庭崩裂的危機（Abel, 1986, p.482）。因此不同子女對於應該涉入老年父母照護的期待為何？個人與家庭又如何定義照顧者的角色？甚至父母是否要同性別子女的照顧，都應該列入考量（Radina, 2007）。應該由誰來擔任照護工作？成年子女會依據幾個向度來考量：交換互惠原則、孝道責任、情感依附、自身經濟時間與人力等（洪湘婷，1998），然而實際上孝順是給自己交代，不願意協助或分攤責任的子女自然會想辦法推諉，因此老年照護所衍生的議題更多。

照顧者不僅要承受外在的壓力（老人對照顧工作的期許、他人不贊同等），以及自我內在的壓力（要擔任照顧角色卻遭受照顧者的抗拒、想要堅守自己照護原則等），而與受照顧人之間的關係不良是評估壓力最顯著指標。對於受照顧者來說，其自尊與羞愧感受（Freedman, 1996）也需要考慮，因為對於受照護人來說，成為不能自主的依賴者是相當難受的，相對地，對於提供照顧者可能的感受是生氣，因為對方與其有一些抗爭行為（抗拒被照顧）出現，而照護工作也是相當孤單的（Abel, 1986, p.482）。

諮商師面對主要照顧者的當事人，需要同理其處境與內心煎熬，氣憤、不公平、焦慮、擔心等複雜情緒是可以理解的，加上其與家人責任分攤或是對於照顧方式的差異等，也都會影響其生活品質與壓力程度；再者，諮商師也需要提供或連結現有的一些照顧資源與管道，甚至是自助團體，必要時將當事人相關家人聚在一起商量或溝通，也很重要。許多的主要照顧人還是女性，也要提醒當事人自我照顧的重要性。此外，許多當事人對於孝順議題的認知會有不同，通常負起較多責任者會有更多矛盾與憤慨，也需要做充分討論。

## 老年父母照護的考慮面向（Aday & Kano, 1997）

|  |  |
| --- | --- |
| 體制（normative solidarity） | 家庭成員應該的行為 |
| 功能（functional solidarity） | 分擔與合作 |
| 情感（affectional solidarity） | 社會支持及與父母的親密度 |
| 同意（consensual solidarity） | 代間關係與價值觀 |
| 建構（structural solidarity） | 家人的地緣接近情況 |

## 老年照顧者壓力源（洪湘婷，1998）

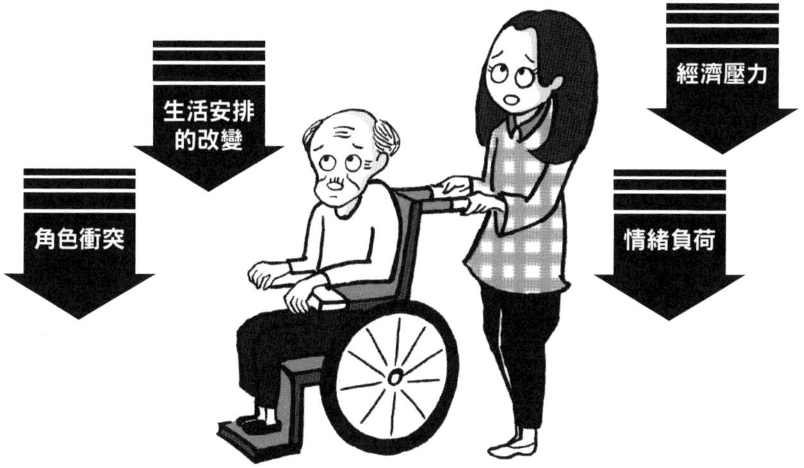

## 年老父母對於成年子女的孝順期待（Van Der Pas, Van Tilburg, & Knipscheer, 2005）

|  |  |
| --- | --- |
| 聯絡 | 孩子與其有固定的聯繫，遊必有方。 |
| 情緒 | 聆聽並給予情緒上的支持。 |
| 工具性協助 | 有人協助購買或修理物品，就醫或出門有人接送或陪伴等。 |
| 資訊提供 | 需要了解新近的一些新聞或資訊（包含福利政策）。 |

註：每個向度的需求程度因人而異，而「聯絡」是情緒與工具性需求的先決條件。

**＋ 知識補充站**

照護工作是一連串的變動過程，老年人狀況與需求的改變，也會牽動照護關係的變化（Brown University, 1998）。

# 單元37 諮商師自我覺察與照顧的重要性（一）

「自我覺察」是許多諮商師養成過程中著重的一項功課或過程，其目的是希望諮商師在真正協助他人之前，有足夠的自我知識，一來可以讓自己在個人與專業上持續成長（這也是當事人之福），二來可以避免諮商師在臨床工作中出現的自我議題妨礙治療過程與功效。有研究者（Radeke & Mahoney, 2000, cited in Corey & Corey, 2011）發現：專業助人者不僅在助人工作中看到自己的影響力，也讓自己成為更好、更有智慧的自我覺察者，更能欣賞人際關係之美、忍受曖昧不明、享受生命之美、感受靈性，也有機會去檢視改變與自我價值觀，這裡也說明了光是覺察力道仍不足，還需要有改變的動力與行為。

成為一個諮商師最重要的是了解「自己的模樣」（Corey, 2001），「知道自己是誰」也是發展自己獨特諮商型態的起點。擔任諮商工作，不僅可以面對自己許多未探索的障礙（如權力、性慾、價值觀）或一些存在議題（如孤單、死亡與意義）也可以藉由進一步的覺察與行動，讓自己的專業與生命品質更佳！諮商師需要了解自己是為何走入這一行？必須對自己有較清楚的認識與了解，才會有足夠的動機與熱情、繼續走在助人專業的路上，要不然很容易耗竭，或非但沒有助人反而害人。

健康、正向、精力充沛的諮商師展現在當事人面前，才會讓當事人覺得有希望，加上諮商師本身也是當事人最好的楷模，因此諮商師的自我照顧與健康是很重要的，懂得自我照顧，也才能照顧他人（包括當事人）。諮商師維持自我健康的面向與一般人一樣，只是要面面俱到不容易，若自己又沒有持續覺察、行動跟進，可能等到自己發現時已心力俱疲、為時已晚。諮商師的正常作息、充足睡眠與休閒、健康維護習慣、良好親密與人際關係、適當獨處與靈性需求，都是讓自己可以減少專業耗竭的面向。諮商師要有足夠的自我覺察，才會知道自己的需求有無滿足、身心狀態如何？因此覺察與自我健康息息相關。

諮商師帶著自己的世界觀（對世界的看法與假設）、性格、價值觀、經驗、文化、理論取向等進入諮商現場，這些都影響助人工作。諮商是與人親密接觸的工作，倘若諮商師無法與當事人建立良好治療關係，就必須要回歸到「自我議題」上（Hill, 2009/2015, p.38）。助人專業不是徒具技巧而已，而是需要有熱情、有心，加上適當的專業知能，才能樂此不疲。諮商師擔任助人工作，接觸到的都不是快樂、正向的經驗，因此需要有足夠的自我（身心靈）強度，才可能繼續有效地擔任專業工作。諮商師若要維持初衷、在助人專業路上持續走下去，自我照顧與覺察缺一不可！

**小博士解說**

有效能的諮商師（Zubernis & Snyder, 2016, p.60）會經常做評估與測試、修正個案概念、必要時修正處置計畫。

## 諮商師的自我照顧（Corey, 2005; Kottler & Hazler, 1997）

- 一般的身心靈健康
- 去找諮商師做治療
- 有固定督導與討論對象
- 進修
- 要權衡接案量與限制
- 人際關係與界限
- 給自己足夠的休閒與休息
- 建立與維持良好的支持網路

## 諮商師健康面向（Magnuson & Norem, 2015/2015, pp.13~15）

- **認知** 是否常常參與激發思考的活動，接收新訊息。
- **生理** 規律作息與運動、均衡營養、無不良嗜好。
- **社會** 參與公共事務、與人正向互動、表達感激之情。
- **職業** 是否對工作樂在其中、增進專業知能，並與休閒做平衡。
- **情緒** 體會與具體表達情緒、適當因應壓力、管理情緒。
- **靈性** 關心他人與周遭世界、堅信人生目的、參與冥思等活動。

## 健康自我（Ivey & Ivey, 2008, pp.34~39）

- **關鍵自我（essential self）**：靈性、性別認同、文化認同、自我照顧
- **創意自我(creative self)**：思考、情緒、控制、工作、樂觀幽默
- **因應自我（coping self）**：休閒、壓力調適、自我價值、實際信念
- **社會自我（social self）**：友誼、愛
- **身體自我（physical self）**：營養、運動

## 有效能諮商師的特質（Hackney & Cormier, 2009, p.13）

- 自我覺察與了解（對自我需求、感受、優劣勢與因應方式、助人動機的了解）
- 心理健康（相信助人專業，也願意去認識、了解自己，並做適當的自我整理）
- 對自己及他人的族群或種族等文化議題敏銳且了解
- 開放的心胸（願意接觸與接納不同）
- 客觀（處理自己的未竟事務，不將當事人的事務個人化）
- 有能力（專業、倫理與人際能力）
- 可信賴（可相信、負責任、可預測）
- 具人際吸引力（喜歡與人相處、有處理人際關際的技巧與能力）

# 單元37 諮商師自我覺察與照顧的重要性（二）

## 一、諮商師的自我照顧

諮商師的工作是協助他人療癒、重拾身心靈健康，並且發揮自己的能力、貢獻社會，因為來見諮商師的當事人幾乎都是生活中遇到瓶頸或困挫的人，由於每天聽的故事也以悲傷、負面的居多，諮商師因此也吸收了一些負面能量，故而強調自我覺察與照顧、防止耗竭很重要。自我覺察與照顧不只是讓諮商師可以每天生意盎然地面對當事人、讓當事人覺得有希望，同時也讓自己的工作有意義。自我覺察與照顧的積極面是可以有效率地協助當事人，成為當事人的楷模；消極面則是避免專業耗竭，可能做傷害當事人或自身的事（包括訴訟在身）。

除了維持健康固定作息與運動外，諮商師需要了解自己的狀況，知道自己可能有的未竟事宜或壓力源，若是發現自己今天狀況不佳、身心方面不適意，就需要做調整，或是將晤談次數減少，甚至是休息或去做個人治療。西方人認為度假很重要，可以讓自己從緊繃的生活中暫時逃脫出來，重新復原與充電，然後再回過頭去面對自己的工作或日常生活。國人非常辛苦努力，總希望可以讓生活安適之外更上一層樓，因此有時候連休假都變得很奢侈！新新人類已經有不同的價值觀，金錢的收益變得不重要，而是生活的品質，也因此度假成為現代人的顯學。諮商師擔心自己若一段時間未與當事人晤談，可能當事人就會出狀況，若諮商師經營的是個人工作室，可在度假期間請人代勞，或做轉介動作。一般說來，當事人有能力度過這段沒有諮商師在側的生活（要不然可能就是過度依賴治療師了），這也是諮商人的基本信念。

## 二、自我知識

我們一輩子都在企圖了解自己，想知道自己是怎樣的一個人？希望過怎樣的生活？完成怎樣的生命任務？也期待知道別人是怎麼看自己、對自己的評價如何？自己可以貢獻給社會國家的是什麼？這些都需要自我探索與覺察的功夫與努力，也就是「知汝自己」（know yourself）的功課，或稱為「自我知識」（self knowledge）。諮商師的工作是在了解當事人與其處境、採用適當的策略與方式，協助當事人解決問題及重新得力，而在了解當事人之前、與當事人互動的過程中，諮商師也會對自己更了解。換句話說，在諮商場域，不是諮商師在影響當事人，當事人也影響著諮商師，是互為成長的過程。正如 Corey （1991）所言，諮商師必須知道自己的定位、能力與限制，然後以自我認知為據點去協助當事人，倘若不知自己是誰、在做什麼，又怎能有效地協助當事人？就是所謂的「知汝自己」之後，才能有效協助當事人「成為他／她自己」（Goldhor-Lerner, 1989, cited in Winter, 1994）。

**小博士解說**

諮商是一種生涯方式，所謂的「生涯」，包含了自己的個性、喜愛的生活方式與態度、工作、生命意義之所在。

## 自我照顧項目與內涵

**接納自己**：接受自己的全部，包含優勢與不如人處。

**自我實現與成長**：有自己的夢想或理想，也願意去執行，希望能成就自己的生命意義。

**自我照顧與自律**：有自我管理的方式與習慣（負責），不會妨礙他人自由。

**了解自我的價值**：知道自己是有價值的，不會因為哪些條件不如人而自貶。

## 自我知識項目舉隅（不限於此）

- 我對自己了解多少？清楚自己的優缺點嗎？
- 我願意坦誠面對他人嗎？
- 我喜歡自己的性別嗎？對自己有性慾可以坦誠以對？
- 我的一致性如何？
- 我喜歡自己的身材與長相嗎？
- 我接納原生家庭所給我的一切，也願意從中學習嗎？
- 我有幾個有意義的人際關係嗎？
- 我喜歡自己的程度如何？
- 我是不是很在乎他人對我的看法？會不會因而假裝或掩飾真實的自己？
- 雖然我面對不同的人會展現不同的自己，但是我很明白自己是怎樣的一個人，也盡量維持核心自我？

## 諮商師提升自己的專業助人效能

★要有自我覺察與照顧的能力。 ★要相信自己所做的是有意義、有價值的工作，也將所學先運用在自己身上。 ★積極進修多元文化知能，尊重當事人與其出身，也意識到社會、文化及宗教的影響力，時時檢視自己的價值觀對當事人的可能影響。

## 有效能的諮商師應具備的條件
（Kinnier, 1991, cited in Capuzzi & Gross, 1995, pp.34~36）

**自愛**：要有自信、自我悅納與愛自己，接受自己有能力去愛與尊重他人，以及自我實現的能力。

**自我知識**：了解自己，對於自己的感受、動機與需求保持覺察，會自我反省且願意去了解自己。

**自信與自我控管**：對自己有自信且可以獨立作業，有適當的能力與果決行為，可以合理地管控自己的生活並達成目標。

**清晰的現實感**：雖然對周遭事物有主觀看法，但是有足夠的社會共通性，有清楚現實感、對生命樂觀。

**勇氣與韌力**：人生縱使無常，但是願意去面對挑戰與改變現狀，能從沮喪或挫敗中重新振作起來。

**平衡與中庸**：工作與玩樂、笑與淚、享受預先計畫或自發性的時光，可以很邏輯、也很直覺。

**愛他人**：深切關切他人福祉或是人類的處境，有隸屬感、給予及接受愛、與他人發展緊密的關係。

**愛生命**：幽默、自發性、開放、積極主動、好奇、愛冒險、享受悠閒，也期待偶發的情況。

**生活有目標**：生活有目標，也願意去投資，創造意義與滿意度。

# 單元37 諮商師自我覺察與照顧的重要性（三）

## 三、自我覺察是刻意養成的能力

諮商師的自我覺察是將自己推向專業最重要的一項能力，也是臨床實務上的必需。覺察是需要經過自己的刻意訓練，不是自然天成的，而且覺察的功夫應該是持續下去的過程與工作（Gladding, 1999）。諮商師的自我覺察會越來越迅速且更容易找出解決之方。自我覺察與自我成長、專業成長兩者密不可分，而諮商師的繼續進修與成長是當事人之福。同樣地，諮商師願意自我覺察，不只在專業上更能勝任，在自我生命與成長上更是獲益良多！

在諮商師教育中，自我覺察的重要意義在於：1. 避免將自我未解決的議題帶入諮商場域中，甚至損害了當事人的福祉；2. 從認識自我過程中更清楚自己、也接受自己，才可以作為當事人的典範而效法之；3. 在治療過程中，諮商師本身就是最重要的工具，因此也可以決定治療的有效程度，諮商師更清楚自己的個性、能力、價值觀與挑戰，就可以減少諮商中可能犯的錯誤。

諮商師帶著自己的過去經驗與未竟事務，倘若沒有覺察或做適當處理，可能會影響治療關係與自己的實務工作效能。諮商師每天面對不同的當事人、帶來不同的生命議題，這些都會衝擊諮商師本身，甚至引發諮商師過往的傷痛或未解決議題，為治療現場增添許多變數，有時候甚至會讓諮商師與當事人都受傷。諮商師也是人，與當事人一樣、也會遭遇生命中的的各種挑戰與問題，需要去面對與處理，因此當事人所經歷的，或許也是諮商師曾經歷或正在經歷的，諮商師若很清楚自己的位置與角色，時常在專業上覺察每回接觸到的當事人與議題，也在生活中保持敏銳的覺察，相信會更清楚自己、了解與寬容人間世事，成為一位更有效能的助人者。

治療師本身就是一個工具，運用自己以及治療關係來協助當事人，傾聽自我是每日的功課，諮商師的存在是有效療癒的基本要素，而諮商師與自己的關係，更是決定其工作品質的重點（Mearns & Thorne, 2007）。自我覺察的面向包含許多，像是與自己、親密關係人、家人與周遭人事物的關係，還有與社會、宇宙、存在議題（價值觀）的關係。諮商師對於自我知識的增長，最容易的是從他人觀察或口中得知，但是也不要忘記自己的審視與覺察是最便捷之道，自我探索（或覺察）可能會帶來我們不喜歡的了悟或是不舒服的感受（Lister-Ford, 2002），自己願不願意誠實以對，通常也需要勇氣。

「當你距離真我越遠，你就更可能在諮商中犯下根本的錯誤。」（Staton et al., 2007, p.140）其意涵就是：專業助人者的首要之務就是了解自己、接納自己，也願意真實呈現自己，這就是個人中心學派創始人 Carl Rogers 所謂的「諮商師的透明度」或「真誠一致」。唯有治療師裡外如一、前後一致，以真實坦誠的面貌對待當事人，才有可能以自己為治療工具，與當事人建立真誠無偽的關係，讓當事人感受到「如其所是」，進而願意接納與喜歡自己、感受到自己的價值，也願意為自己做更好的改變！

## 諮商師日常生活的自我覺察

| 諮商師自我覺察項目 | 舉例 |
|---|---|
| 與原生家庭的關係 | 我與家人的關係如何？ 我的家庭氣氛如何？ 我的家庭有哪些價值觀或是規則？ 我從父母親身上看見什麼？ 我與手足間的關係如何？ 我的原生家庭可有秘密？ 我父母親的原生家庭又如何？ |
| 個人成長史 | 生命中重要他人是誰？對我的影響為何？ 我的生命經驗中有哪些重要事件？我對這些事件的看法如何？ 從性別角度來看自己的成長史，有沒有什麼特殊事件？ 我對自身成長的文化與族群了解多少？我的文化對我的影響為何？ |
| 接案之後的省思 | 我對這個當事人有何看法？生命中是否也曾經有過類似經驗的人？ 我覺得這個案子很棘手、還是很容易？我喜歡我的當事人嗎？這個當事人讓我想到什麼？ |
| 每日的生活省思 | 我今天過得如何？有沒有看到特別事件或人物？我今天的心情與狀況如何？ |
| 對於理論與實務的連結 | 我是否閱讀或是聽聞最新近的專業論文或相關文章？參加了研討會或聚會有一些新的學習？我今天對於哪個觀念又有了新的體悟與認識？我發現哪個理論的哪一點可能有新的創發？我試用了一個新的技術，這個技術是我自己發想的。 |
| 閱讀或是影音資料 | 哪些訊息跟我之前的理解不同？哪些故事或資訊勾起我曾有過的經驗或傷痛？這些都經過處理了嗎？要不要繼續處理？ |
| 聊天或討論 | 我對於某些人的看法是否改觀？為什麼？今天又有哪些重要的提醒與領悟？感謝這些人在我生命中出現。 |

## 不同心理學派對「自我」的解釋

|  |  |
|---|---|
| **精神分析** | 自我(ego)是代表人格中的理性，也是人格與外界接觸的部分，其功能是調節原始衝動(本我)與社會道德(超我)的要求。 |
| **榮格的精神分析** | 人格裡面的「意識」中心，其功能是將意識組織起來，提供自我認同感與維繫每日的生活。 |
| **個人中心學派** | 自我概念(self concept)是人格的核心，是由經驗、價值、意義與信念所組成；「真實我」(real self)與「理想我」(ideal self)間的差距造成個人煩惱。 |
| **存在主義** | 「自我」是一個過程，隨時在變動與形成。 |
| **完形學派** | 自我是一個完整的個體、不可切割且彼此互相影響。 |
| **理情學派** | 自我是一統整之存在，思考、感受與行為俱足。 |
| **溝通交流分析** | 人格中有三種自我狀態(ego states)(父母、成人與孩童)，關乎個人行為模式與行動。 |

# 單元37　諮商師自我覺察與照顧的重要性（四）

## 四、倫理／法律知識與敏銳度

諮商師在臨床工作中，不管對象是誰，都可能涉及專業倫理或法律（例如：家暴法、性平法、兒少法或監護權等）相關問題，如果諮商師敏感度不佳，可能就會犯下無法彌補的錯誤。通常諮商師也要去了解高風險家庭的評定標準、危機徵象與程度的評估。若諮商師本身在法治或矯正機構任職，相關法律方面的知識也不可少，當然也要了解自己任職機構的政策與規定。倫理所提供的是原則，並沒有實際的應用細節，因此需要仰賴諮商師的直覺、經驗值與判斷力，才能嘉惠當事人，同時提升諮商專業聲望與形象。

只要在臨床工作上「感覺」不對勁，可能就是需要檢視倫理議題的時候，不要壓抑自己的「直覺」，習慣性地反思每次諮商過程或是將錄音帶重複聆聽，若是忘記做的動作趕快補足，必要時還要擔任當事人的代言人、倡議者，以及社會政策或制度的改變者。此外，還需要注意諮商師執業的場所（如學校、醫院或社區）不同，倫理判斷需要考量的亦不同，深入了解所服務的場所文化與運作是關鍵，不以自己的專業倫理為唯一考量。

## 五、專業與自我成長

專業上的成長與個人成長並進。諮商師尋求專業進修的管道，是必需、也是必要，除了法律規定的繼續教育時數外，閱讀與研習是平常功課，還不時參與研討會、督導、個案討論等，甚至自己也做相關研究，結合理論與實務。若自己參與治療，定期做個人的檢視，也是不錯的方式。

諮商師若與同儕有固定的督導時間或案例討論，也是讓自己專業精進的途徑，同儕彼此分享案例與處理的方式，腦力激盪有無其他的解決之道，甚至可以徵求同儕的意見與連結相關資源，讓自己可以更有效地服務當事人。專業上的知識，經由上課或閱讀是便捷之道，做研究自然需要大量閱讀最新近的資訊，以及批判思辨能力，同時為問題找答案、對研究文獻與社會都有貢獻。

有關專業技能的部分，除了諮商師自己的練習、熟悉之外，也有機會研發新的、有效技術，有助於治療效果。

## 六、自我評估與實務反思能力

諮商師對於自己在專業臨床上的表現，有無時時反省與改進？執業諮商師是否積極尋求專業與自我的成長是最重要的，「用然後知不足」，乃是一般人最常有的感受。治療過程中、結束後，諮商師對於晤談經驗，自己評估表現如何？有效協助當事人了嗎？當事人的感受與改善情況如何？有無更好的處理方式？有沒有做錯或不妥的地方？都需要仔細檢討與評估。

在接受諮商師訓練期間，實習諮商師常被要求撰寫晤談逐字稿，這也是讓自己專業進步神速的方式。每次晤談之後，重新聆聽與觀察諮商的錄音或錄影，將整個諮商流程再看過一次，如果有需要改進之處，就在旁邊做標記，或者是固定做反思札記，這樣可讓諮商師清楚自己每次在諮商過程中做了什麼？下次可以改進的做法為何？

## 重要倫理的面向

| 注意項目 | 說明 | 解釋 |
| --- | --- | --- |
| 不傷害當事人 | 諮商契約是保障當事人權益。此外，在治療過程中，首要考量到對當事人是否有益？ | 諮商師需要有敏銳的危機意識及同理心，只要直覺上懷疑當事人可能（會）受傷，就要直接仔細詢問。基本上當事人來求助、自我強度較為脆弱，許多細節都要注意，不能傷害當事人。 |
| 知後同意 | 任何有關當事人權益的事都要獲得其或（法律上無行為能力者，包括十八歲以下與身心障礙者）監護人之同意。 | 這是保障當事人與治療師的必備動作，包括簽訂諮商契約，需要錄音、發表研究報告或論文、使用新的治療方式或技巧時，也都需要簽訂知後同意。 |
| 保密原則 | 不傷害當事人與其他人的情況下，謹守保密原則。 | 保密是建立治療關係最重要的關鍵，然而也有例外（當事人自傷或傷人、任何人受傷的可能性）需要考量，也要讓當事人知道。 |
| 雙（或多）重關係 | 除治療關係之外，其他有害於治療或當事人福祉的關係都不應有，因為諮商師是處於較有權力與地位的立場，關係處理不當就會造成傷害。 | 有些學派（如女性主義治療）對於治療之外的關係較無嚴謹規範，但是一般說來，關係越簡單越容易處理，也較不容易發生倫理議題。 |

## 協助治療師做更佳倫理判斷的步驟（Corey et al., 2007, p.20）

認定有問題出現 → 定義問題（與當事人合作討論） → （與當事人一起）研究解決之道 → 選擇解決問題的方法 → 先預習整個問題解決過程，然後重新做選擇 → 與當事人一起執行與評估解決方式與其效果 → 繼續反省

## 諮商反思訓練（不限於此）

- 重聽／看一次錄音或錄影，謄寫逐字稿。
- 與督導或同儕討論
- 撰寫省思札記
- 閱讀相關研究或書籍
- 參與個案研討

**+ 知識補充站**

倫理的規範主要是：（一）教育諮商專業人員與大眾有關此專業的責任；（二）藉由倫理規則的執行，提供此專業的基本可信度，保護當事人免於受到不合倫理行為的傷害；（三）提供專業人員執業的反省與改進基礎（Herlihy & Corey, 1996, cited in Corey, 2005, pp.38~39）。

# 單元 38 總結（一）：個別諮商的優點與限制

個別諮商通常先於團體諮商，個人議題若在個別諮商中獲得某種程度的整理或解決之後，再進入團體會較自在，也比較不會因為團體中其他人的經驗引發、而有情緒爆發或衝動的情況發生，也較能夠從團體諮商中受益。若是一般健康的個人，參與團體可以學習的較之個別諮商要更多，然而團體張力大、彼此互相影響，若個人自我整理或覺察不足，個人情緒或創傷很容易被促發，不僅無法獲得治療，反而影響了團體凝聚力與互動。

個別諮商就是一對一的直接治療，諮商師可以專注於當事人的全部、不容易分心，也可深入了解當事人與其關切的事宜，諮商師與當事人建立真誠、深厚、信任的關係，是一般人際關係中少見的，也較少利益糾葛，這樣的人際交會真誠無偽，諮商師接納當事人之「所是」，對當事人而言，就是很大的信任力量。諮商師了解當事人在整個諮商歷程中的悲喜陰晴、掙扎與成功，當事人與諮商師的關係較為親密、有較強的治療同盟，諮商師一路上的陪伴，讓當事人覺得不孤單，有能力去面對目前與未來的議題。

每個人都希望被聽見，諮商提供了這樣的場域，由於是單獨與治療師面對面，當事人可以毫無懼怕與罣礙地說出自己所想所感所為，不必擔心被比較或批判，較願意坦白自己私人事務，也因為少了同儕壓力與期待，會比較自在做自己。

諮商師專注於當事人與其關切的議題，給予直接回饋，容易發現當事人其他共病情況（如同時有憂鬱、厭食），治療聚焦且集中，諮商師所採取的處置方式，也是依當事人打造的客製化／個人化服務。諮商師會注意到當事人進展步調、做適當的調整與配合，彼此一起工作會較自在（步調不會太慢或過快）。諮商師在個別諮商的情境中，較容易監督與協助當事人的進展或改變，若當事人有任何疑義，都可以直接找到治療師商議或討論，類似於私人顧問。此外，與團體諮商相形之下，晤談時間較容易安排（不像團體需要配合所有成員的時間）、保密也較容易，當事人不需要去聽與自己無關的問題或意見。

個別諮商的限制，包括：一對一的治療固然可以深入，但是較花費時間與人力、較不經濟，也缺乏對照組可以互相觀照學習；諮商師與當事人關係親密，界限拿捏不容易；個別諮商所需的費用較團體諮商多，且晤談次數也可能較多；當事人與諮商師面對面、無所遁形，對於一些較害羞，或不敢在他人面前坦白私人事務者會感覺較不自在；諮商師一人只能提供其個人觀點，不像在團體中可以聽見更多不同的經驗與看法；基本上只有諮商師的支持，有時候當事人參與治療與改變的動機不足；當事人與諮商師單獨晤談，不像在團體中有類似經驗的楷模可供效法或學習。

## 個別諮商與團體諮商的差異

| 諮商形態/特點 | 個別諮商 | 團體諮商 | 注意事項 |
|---|---|---|---|
| 人數 | 一人 | 四人以上至十二人(或以上)(視主題或時間而定) | 資訊分享方面,團諮就有更多人知道,保密就更不容易。 |
| 對象與進行方式 | 一對一、面對面 | 一對多、直接 | 若只專注於若干成員,就容易忽略其他成員。 |
| 動力不同 | 當事人與諮商師二人 | 諮商師和參與成員全體,就經濟與人際層面來說效果較佳,也容易獲得支持。 | 有人較不習慣在他人面前說話或發表不同意見。 |
| 諮商室外的掌控 | 較容易掌握 | 較難掌控 | 因為成員眾多,保密較難,也影響到成員在團體外的表現。 |
| 效果 | 較不易評估 | 效果較佳 | 團體彼此會有歸屬感、獲得支持,也可以在類似外面社會情境的團體中學習與練習所學。 |
| 時間 | 較固定,一次可以四十分鐘到一小時(必要時可延長)。 | 若以每人二十分鐘計算,可能一次就需要一小時以上。 | 團體中若有人缺席,動力就受到影響。 |

## 團體諮商的效能(Jacob, Masson, & Harvill, 2009, pp.2~5)

| | |
|---|---|
| 經濟效益 | 就時間與需要投注的心力來說,比較有經濟效益。因為個別諮商是一對一,團體諮商是一對多,在人力不足的情況下(特別是學校單位),團體諮商是最符合經濟效益的,不管是在建議或諮詢、價值澄清、個人成長、支持與問題解決議題上,都是如此。 |
| 共同經驗 | 發現自己不孤單,因為其他人也有相似的經驗或關注議題。 |
| 更多樣的資源與意見 | 若有許多人在團體中,自然可以提供的資源或意見就更多,使得團體經驗更有趣、更有價值。 |
| 歸屬感 | 團體成員因而認為自己是團體中的一員,有個屬於自己與依附的團體。 |
| 技巧練習 | 團體可以是一個安全與支持的場域,讓成員們練習新的技巧與行為,然後將其遷移到團體外的日常生活中。 |
| 回饋 | 團體成員間彼此可以接受回饋及回饋給對方,可以互相學習、拓展視野或觀點。 |
| 替代學習 | 成員之間有類似經驗或議題分享,包括成功與失敗的經驗,從他人的經驗中可以間接學習到許多知識與技巧。 |
| 真實生活的情況 | 團體像一個社會縮影,也較貼近真實的生活情況,可以暫時性地取代所生活的社區。 |
| 承諾 | 團體成員也會因為團體的期許與同儕壓力,會更願意承諾做改變,像是「戒酒匿名團體」、戒菸、減重團體等。 |

# 單元 39 總結（二）：個別諮商注意事項

諮商師在個別諮商的知能上，需要注意幾件事：

**（一）當事人非單獨的個體**

當事人不是自己一個人，而是帶有自己性格、經驗、文化歷史、社會脈絡與人際關係等的個體，與其整個大環境都有關係。

**（二）賦能當事人**

當事人是有能力的（即便有障礙），也願意朝有利社會的方向努力，有時候只是卡住了，無法施展能力，諮商師要看到當事人的「能」、成長潛力以及其相關資源。

**（三）人在環境中**

因為「人在環境中」，因此個人遭遇到的困境不一定是個人的問題，而是需要去考量其他相關因素，諮商師的「生態觀」很重要。

**（四）繼續成長的必要性**

諮商相信人有能力、成長導向，諮商師也一樣，會隨著時間與經驗值，以及自己的刻意努力，慢慢成熟為更專業的治療師，因此諮商師的繼續教育與成長是必要的，如閱讀、同儕討論、固定督導等方式不一而足。諮商師的成長不要僅限於專業面向，許多非專業的閱讀也有助於專業上的成長，且能拓展視野與觀點。

**（五）多多增進診斷知能**

不同學派對於診斷的評價不一，有人認為可以協助處置與治療，有人認為是負面標籤。一般說來，診斷是讓不同助人專業者有個共同溝通的語言，協助諮商師形成假設來了解徵狀與可能病因，以及有效的處理方式，讓病人得到紓解（知道自己生病了）或讓病人有希望感；當然也可能因此窄化了概念、造成無效處置等（Okun & Suyemoto, 2013, pp.171~172）。一般諮商師訓練課程裡雖有心理測驗、變態心理學及診斷與衡鑑，但若進入醫療院所，諮商師這方面的訓練就明顯不足（黃佩娟，2012）。雖然診斷與衡鑑是臨床心理師的專長，然而現在諮商師被納入「醫事人員」類別裡，理應加強這方面的訓練，雖然諮商師沒有為當事人做診斷的權力與資格，但是其初估與評斷（如懷疑當事人可能有憂鬱症、思覺失調的可能），若需要進一步確認，或是與醫師或其他專業人員合作，就需要轉介當事人去醫師處，或與相關人員（如家長或教師）做溝通。

**（六）善用家庭作業的功能**

諮商師常在一次面談快要結束前，與當事人商議小小家庭作業的可能性，其目的是希望延續諮商效能，並讓當事人打破「知難行易」（改變）的迷思，將所學運用到日常生活中，而諮商師在這方面會有許多創意。

**（七）技巧需要靠自己不斷閱讀與練習**

諮商也是一種生活方式，將在諮商中所學到的運用在日常生活中，不只發現很受用、可以讓自己生活更適意，也能磨練技能。閱讀治療師的逐字稿，可以更清楚不同學派的精髓、技巧如何使用，是一般教科書不能滿足的功能，隨著經驗與時機成熟，諮商師也會研發一些有效、創意的治療技巧。

## 成熟諮商師應該展現的特色
（Jacobs, cited in Whitmore, 2004, pp.67~68）

- 了解人類成長與發展、心理病理學、不同理論與取向的理論與實務、研究方法與覺察。
- 成熟的判斷力與做決定（評量與治療過程）的自信、做評估的能力。
- 在與當事人接觸或焦慮時，還能同時去思考與聚焦。
- 能評估諮商過程（包括自我評估、監控自己的判斷、發展一個「內在督導」）。
- 對督導的態度（不只是訓練之必要，也是深入了解與發展實務的重要諮詢來源）。
- 藉由不防衛地對實務做反省，從錯誤中學習。
- 對學習開放（統整知識與實務）。
- 能夠工作，隨經驗拓展個案源與脈絡。
- 對「未知」覺得坦然，有能力放棄威權的需求，也對自己能力更有自信。
- 對自己能力的真誠謙卑，也讓當事人更肯定助人專業。
- 自我接納、有自信地自我呈現、一致的承諾，與當事人工作時展現出效率與專業。
- 從不同經驗裡持續的自我發展與增進自我知識。
- 隨著時間而增加的效率，有機會與不同當事人工作，統整理論與實務，也可以發展劃時代的新理論。

## 諮商師教育中自我探索或覺察的重要意義

避免將自我未解決的議題帶入諮商場域中，甚至損害了當事人的福祉。

從認識自我過程中更清楚自己、也接受自己，才可以作為當事人的典範。

在治療過程中，諮商師本身就是最重要的工具，因此也可以決定治療的有效程度。諮商師更清楚自己的個性、能力、價值觀與挑戰，就可以減少諮商中可能犯的錯誤。

**＋ 知識補充站**

D. H. Granello（2010/2014, p.59）提出對於自殺傾向學生的危機諮商，其步驟為：（一）評估危險性；（二）建立關係；（三）傾聽故事；（四）管理感覺（協助學生表達情緒）；（五）探索其他可能性；（六）使用行為策略；以及（七）追蹤。

# 單元 39 總結（二）：個別諮商注意事項（續）

### （八）撰寫晤談後逐字稿或重新檢視諮商過程，有助於概念化與技巧

諮商師若在每次晤談之後，有機會將晤談內容整理成逐字稿，重新看一遍，甚至在上面註記可以有不同的說法或做法、檢討自己在晤談中的優缺，會讓自己更能掌握晤談步調與技巧。諮商師在撰寫與閱覽自己晤談逐字稿時，不僅可做檢視與檢討，也會更清楚自己的習慣或用語，了解之後做改進會更容易。諮商師若有機會閱讀大師級的臨床逐字稿、甚至做臨場觀摩，自然可一窺某一學派的精髓、也常會有頓悟的喜悅。

### （九）熟讀相關專業倫理與法律

諮商師是負責決定諮商過程倫理界限的人，因此對於專業倫理或相關法律都要清楚，這不是為了保護自己而已，也是為了維護當事人福祉的積極做法。有同儕或督導，甚至是法律人可以商量或諮詢是最好的。除了留意與管理自己的倫理行為，也要敏銳覺察同儕或同業非倫理或違法的執業情況，以提升諮商專業對社會大眾的責任。

### （十）與其他專業或人員的合作與溝通

諮商師不是獨立作業就好，因為人在環境中，要了解當事人的資源外，平日諮商師本身也要經營與其他專業、準專業或相關人員（如義工、家長）的合作途徑與關係，了解在地或周遭可用資源，也深入一般社區做外展服務、接觸，需要時就可以整合運用，也可以同時回饋鄉里。

### （十一）自省是通往專業與自我成長的捷徑

諮商師自我反省與檢視的習慣，是增進專業與成長的不二途徑，也藉此維護身心健康、防堵耗竭的產生。諮商師在專業之外，也不要忘記自己是一個人、有自己的生活與生命任務。諮商師從工作中衍生意義、得到滿足，也要好好過生活，經營自己的親密與人際關係，將自己的專業與生活做適當整合、平衡發展。自我反省不一定只是針對臨床實務，因為諮商是一種生活方式的選擇，諮商師的專業與生活不可切割，生活中的反思也會反映到專業上，專業上的反思也可以連結到生活上。

### （十二）不忘初心與熱情

諮商師選擇諮商作為志業，儘管當初的動機或有不同，然而基本上都希望能夠解人困厄、協助讓這個世界更美好，不要忘記這樣的初心與熱情！雖然在工作中會遭遇許多挑戰與困挫，也因為人生就是解決問題的過程，可將挑戰或困挫轉化為成長的能量，也拓展生命的寬度與深度。在面對棘手的案例時，看見當事人的韌力與努力；在苦思不知如何協助當事人，甚至深陷泥淖時，想到曾經有過的成功經驗，因為有你的真心陪伴，當事人的恐懼與不安會減少許多。同時，諮商師不要忘記可以求助，不需要自己耽溺於困境、想獨力突圍，資源都在我們身邊！

## 諮商師的自我覺察四個層面（Hackney & Cormier, 2009, p.14）

快樂、滿足、受傷、生氣、悲傷、失望、困惑或害怕等。

覺察自己的需求

覺察自己助人動機

覺察自己的感受

覺察自己的優勢、限制與因應技巧

自己可以做得好的、需要挑戰的或是感覺有壓力的。

想要給予還是滋養？想要被愛、喜歡、尊重還是討好？

想要從協助他人那裡獲得什麼？協助他人為何讓你覺得不錯？

## 學習諮商要用在自己身上的理由

★不要將諮商與「讀心術」畫成等號，諮商人要先學會觀察、並實際運用，會讓自己對此專業更具信心。

★諮商是應用心理學（用來了解、解釋、預測與控制行為）的一門科學，還需要加上人性與藝術，也就是與個人生活密不可分。

★諮商是協助處理「人間事」，諮商師生活在人世間，自然也會遭遇到一般人會碰觸的事件與挑戰。

★諮商師對於自己與生活有更多體驗與反省，在協助當事人的過程中也會較真實、實際而有感。

★諮商師將理論運用在自己生活上，真切體驗改變的過程、可能出現的困難或是解決之道，更能有效協助當事人做改變。

★諮商師在改變他人之前，要先體驗自己是否可以做改變，成功了才用在當事人身上，會更具說服力。

★諮商師自己在運用這些理論與技巧的過程中，體會到自己的改變，甚至影響他人做改變，因此更具信心。

★學諮商會越學越快樂。

**+ 知識補充站**

諮商師的個案概念化，可以將問題放入個人、關係（如家庭）脈絡或社會文化／建構系統的脈絡中來思考（Okun & Suyemoto, 2013, p.53）。諮商師將改變焦點放在行為、認知或情緒等面向（這也是其核心理論之基礎），大部分的改變都與此三面向有關（Arnkoff, 1980, cited in Okun & Suyemoto, 2013, p.58），因此從不同面向切入都可能造成改變（Hill, 2009/2013）。

## 參考書目

王文秀、田秀蘭、廖鳳池 （2011）。兒童輔導原理（第三版）。臺北：心理。

王亦玲等譯（2015）。兒童心理諮商理論與技巧（8th ed.）。（Counseling children, By Henderson, D. A., & Thompson, C. L., 2011）。臺北：禾楓。

李明濱 （1997）。情緒與疾病。臺北：臺大醫學院。

林美珠、田秀蘭（譯）（2013）。助人技巧：探索、洞察與行動的催化（Helping skills: Facilitating exploration, insight, and action, by Hill, C. E., 2009）。臺北：學富。

林綺雲（2004）。從社會建構論談國人憂鬱與自殺現象的隱憂。載於林綺雲、張盈堃、徐明翰著（pp.186-204）。生死學——基進與批判的取向。臺北：洪葉。

林煜軒、劉昭郁、陳邵芊、李吉特、陳宣明、張立人譯（2011）。網路成癮：評估與治療指引手冊（*Internet addiction: A handbook & guide to evaluation & treatment*, by Young, K. S. & de Abreu, C. N, 2013）。臺北：心理。

邱珍琬 （2007）。諮商技術與實務。臺北：五南。

兒童福利聯盟文教基金會。2014 年臺灣校園霸凌狀況調查報告。取自 http://www.children.org.tw/news/advocacy__detail/1174

兒童福利聯盟文教基金會。2016 年臺灣兒少網路霸凌經驗調查報告。取自 http://www.children.org.tw/news/advocacy__detail/1538

施彥卿、蕭芝殷譯（2014）。校園自殺、自傷與暴力（Suicide, self-injury, and violence in the schools: Assessment, prevention, and intervention strategies, by Juhnke G. A., Granello D. H., & Granello P. F., 2010）。臺北：心理。

洪湘婷（1998）。期待與現實之間——成年子女提供老年父母照顧的角色探索。國立臺灣大學社會學系碩士論文，未出版，臺北市。

陳增穎譯 （2015）。諮商技巧精要：實務與運用指南（Essential counseling skills: Practice & application guide, by Magnuson, S. & Norem, K., 2015）。臺北：心理。

孫守湉、林秀玲譯 （2011）。教師諮商技巧（Counseling skills for teachers, 2nd ed., by Kottler, J. A. & Kottler, E., 2007）。臺北：心理。

黃雅文、張乃心、蕭美慧、林泰石、林珊吟、范玉玟、賴彥君譯（2006）。生命教育（The last dance: Encountering death & dying I, by DeSplder, A. A. & Strickland, A. L., 2005）。臺北：五南。

黃佩娟 （2012）。諮商心理師專業能力評量與工作場域差異分析。臺灣師範大學教育心理與輔導學系博士論文，未出版。

游恆山譯 （2002）。健康心理學（Health psychology, by Curtis, A. J. 2000）。臺北：五南。

歐陽端端（2013）。情緒競爭力 UP ！：15 個線索，讓你把事情做完、做對、做好（The brain and emotional intelligence, new insights, 1st ed., by Goleman, D., 2011）。 臺北：時報文化。

張立人 （11/6/2014）。認識網路成癮的現象。103 年度網路成癮繼續教育訓練課程（南區）。臺灣精神醫學會。高雄：高雄醫學大學附設醫院啟川大樓 6F 第一講堂。
張厚粲 （1997）。行為主義心理學。臺北：東華。
張鳳燕、楊妙芬、邱珍琬、蔡素紋譯（2002）。人格心理學──策略與議題（Personality: Strategies & issues, by Liebert, R. M., & Liebert, L. L.,1998.）。臺北：五南。
劉祥得；張嘉怡、高木榮、楊文理、鄭展志與張孟玲 （2015）。The effect of job demand andresources on workplace bullying──The sample from hospital nurse in Taiwan。萬能商學學報，（20），175+177-183。
Abel, A. K. (1986). Adult daughters and care for the elderly. *Feminist Studies, 12*(3), 479-497.
Aday, R. H., & Kano, Z. M. (1997). Attitude toward caring for aging parents: A comparison of Laotian and U.S. students. *Educational Gerontology, 23*(2), 151-167.
Beck, A. A. & Weishaar, M. E. (1989). Cognitive therapy. In R. J. Corsini & D. Wedding (eds.) *Current psychotherapies* (4th ed.), (pp.285-320). Pacific Grove, CA.: Brooks/Cole.
Becvar, D. S., & Becvar, R. J. (2009). *Family therapy: A systemic integration* (7th ed.). Boston, MA: Pearson Education.
Berg, K. I. & Steiner, T. (2003). *Children's solution work*. N. Y.: W.W. Norton & Company.
Brems, C. (2001). *Basic skills in psychotherapy & counseling*. Belmont, CA: Brooks/Cole.
Brown University (1998). Role reversal. *Brown University Long-term Care Quality Advisor, 10*(2), 4-5.
Capuzzi, D. & Gross, D. R. (1995). Achieving a personal and professional identity. In D. Capuzzi & D. R. Gross(Eds.) (pp.29-50). *Counseling & psychotherapy: Theories & interventions*. London: Prentice-Hall, Inc.
Carlson, J. G., & Hatfield, E.(1992). *Psychology of emotion*. Fort Worth, TX: Harcourt Brace Jovanovich College Publishers.
Cass, V. (1979). Homosexual identity formation: A theoretical model. *Journal of Homosexuality, 4*, 219-235.
Clarkson, P. (1999). *Gestalt counseling in action*. Thousand Oaks, CA: Sage.
Connie, E. (2009). Overview of solution focused therapy. In E. Connie & L. Metcalf（Eds.）, *The art of solution focused therapy* (pp.1-19). N.Y.: Springer.
Cooper, M. (2008). Existential psychotherapy. In J. L. Lebow(Ed.), *Twenty-first century psychotherapies: Contemporary approaches to theory & practice* (pp.237-276). Hoboken, N. J.: John Wiley & Sons.
Corey, G. (1991). *Theory and practice of counseling and psychotherapy* (4th ed.). Pacific Grove, CA: Brooks/Cole.
Corey, G. (2001). *The art of integrative counseling*. Belmont, CA: Brooks/Cole.
Corey, G. (2005). *Theory & practice of counseling & psychotherapy* (7th ed.). Belmont, CA: Brooks/Cole

Corey, G. (2009). *Theory and practice of counseling and psychotherapy* (8th ed.). Belmont, CA: Brooks/Cole.

Corey, G. (2013). *Case approach to counseling & psychotherapy* (International 8th ed.). CA: Brooks/Cole.

Corey, G. (2019). *The art of integrative counseling* (4th ed.). Alexandria, VA: American Counseling Association.

Corey, M. S., & Corey, G. (2011). *Becoming a helper* (6th ed.). Belmont, CA: Brooks/Cole.

Corey, G., Corey, M., & Callanan, P. (2007). *Issues & ethics in the helping professions* (7th ed.). Belmont, CA: Brooks/Cole.

Culley, S. (1991). *Integrative counseling skills in action*. London: Sage.

De Leo, J. A., & Wulfert, E. (2013). Problematic internet use and other risky behavior in college students: An application of problem-behavior theory. *Psychology of Addictive Behaviors, 27*(1), 133-141.

DeLucia-Waack, J. L., & Fauth, J. (2004). In L. E. Tyson, R. Perusse, & J. Whitledge (Eds.), *Critical incidents in group counseling* (pp.136-150). Alexandria, VA: American Counseling Association.

Doyle, R. E. (1998). *Esssential skills & strategies in the helping process* (2nd ed.). Pacific Grove, CA: Brooks/Cole.

Dreikurs, R. (1964). *Children: The challenge*. N. Y.: Penguin Group.

Dryden, W. (2007). *Rational emotive behavioral therapy.* In W. Dryden (Ed.), *Dryden's handbook of individual therapy* (5th ed) (pp.352-378). London: Sage.

Durham, M. (2004). The nutcracker generation. *New Statesman*, 133(4670), 26-27.

Egan, G. (2002). *The skilled helper: A problem-management approach to helping* (7th ed.). Pacific Grove, CA: Brooks/Cole.

Firestone, R. W., Firestone, L. A., & Catlett, J. (2003). *Creating a life of meaning & compassion: The wisdom of psychotherapy*. Washington, DC: American Psychological Association.

Fox, S, & Stallworth, L. E. (2009). Building a framework for two internal organizational approaches to resolving and preventing workplace bullying: Alternative dispute resolution and training. *Consulting Psychology Journal: Practice & Research, 61*(3), 220-241. DOI: 10.1037/a0016637

Freedman, J., & Combs, G. (1996). *Narrative therapy: The social construction of preferred realities*. N. Y.: W.W. Norton & Company.

Gerard, P. S. (1991). Domestic violence, in S. L. Brown (Ed.), *Counseling victims of violence* (pp.101-116). Alexandria, VA: American Association for Counseling & Development.

George, R. L., & Cristiani, T. L. (1995). *Counseling theory and practice* (4th ed.). MA, Needham Heights: Simon & Schuster Company.

Gilliland, B. E., James, R. K., & Bowman, J. T. (1989). *Theories and strategies in counseling and psychotherapy* (2 nd ed.). Eaglewood Cliffs, NJ: Prentice Hall.

Gladding, S. T. (1999). The faceless nature of racism: A counselor's journey. *Journal of Humanistic Counseling, Education & Development, 37*(3), 182-187.

Goodwin, K. (2016). *Raising your child in a digital world, Finding a healthy balance of time online without techo tantrums and conflict.* Sydney, Australia: Finch Publishing.

Hackney, H. L., & Cormier, S. (2009). *The professional counselor: A process guide to helping*(6 th ed.). Upper Saddle, NJ: Pearson.

Haig, R. A. (1988). *The anatomy of humor: Biopsychosocial and therapeutic perspectives.* Springfield, IL: Charles C Thomas.

Halbur, D. A., & Halbur, K. V. (2006). *Developing your theoretical orientation in counseling and psychotherapy.* Boston, MA: Pearson Education, Inc.

Hodges, S. (2021). *The counseling practicum & internship manual: A resource for graduate counseling students* (3rd ed.). N.Y.L: Springer

Hycner, R., & Jacobs, L. (1995). *The healing relationship in gestalt therapy: A dialogic/self psychology approach.* Gouldsboro, ME: Gestalt Journal Press.

Ivey, A. E., & Ivey, M. B. (2001). Developmental counseling and therapy and multicultural counseling and therapy: Metatheory, contextual consciousness, and action. In D. C. Locke, J. E. Myers, & E. L. Herr (Eds.), *Handbook of counseling* (pp.219-236). Thousand Oaks, CA: Sage.

Ivey, A. E., & Ivey, M. B. (2008). *Essentials of intentional interviewing: Counseling in a multicultural world.* Belmont, CA: Brooks/Cole.

Jacobs, M. (2004). *Psychodynamic counseling in action* (3 rd ed.). London: Sage.

Jacob, E. E., R. L. Harvill, R. L. Masson (2009). *Group counseling: Strategies & Skills* (6th ed.). Pacific Grove, CA: Brooks/Cole.

Joyce, P., & Sills, C. (2014). *Skills in Gestalt counseling and psychotherapy.* London: Sage.

Kahn, M. (1997). *Between therapist and client: The new relationship (Rev. ed.).* N.Y.: W. E. Freeman.

Kaplan, S. J. (2000). Family violence. In C. C. Bell (Ed.), *Psychiatric aspects of violence: Issues in prevention and treatment* (pp.49-62). San Francisco, CA: Jossey-Bass.

Kellogg, S. H., & Young, J. E. (2008). Cognitive therapy. In J. L. Lebow (ed.), *Twenty-first century psychotherapies: Contemporary approaches to theory & practice* (pp.43-79). Hoboken, N. J.: John Wiley & Sons.

Kottler, J. A., & Brew, L.(2003). *One life at a time: Helping skills and interventions.* N.Y.: Brunner-Routledge.

Kottler, J. A., & Hazler, R. J. (1997). *What you never learned in graduate school: A survival guide for therapists.* N.Y.: W. W. Norton & Company.

Lambert, M. J. (1992). Psychotherapy outcome research: Implications for integrative and eclectic therapists. In J. C. Norcross & M. R. Goldfried (Eds.), *Handbook of psychotherapy integration* (pp.94-129). N.Y.: Basic Books.

Lewis, J. A., Lewis, M. D., Danieles, J. A., & D'Andrea, M. J. (2011). *Community counseling: A multicultural-social justice perspective* (4th ed.). Belmont, CA: Brooks/Cole.

Lipchik, E. (2002). *Beyond technique in solution-focused therapy: Working with emotions and the therapeutic relationship*. N. Y.: Sage.

Lister-Ford, C. (2002). *Skills in transactional analysis counseling and psychotherapy*. London: Sage.

Masson, R. L., Jacobs, E. E., Harvill, R. L., & Schimmel, C. J. (2012). *Group counseling: Intervention & techniques* (7 th ed.). Belmont, CA: Brooks/Cole.

McCord, M. A., Joseph, D. L., Dhanani, L. Y., & Beus, J. M. (2017). A meta-analysis of sex and race differences in perceived workplace bullying. *Journal of Applied Psychology*. http://dx.doi.org/10.1037/apl0000250

Mearns, D., & Thorne, B. (2007). *Person-centered counseling in action* (3th ed.). London: Sage.

Metcalf, L. (2009). Solution focused therapy: Its applications and opportunities. In E. Connie & L. Metcalf (Eds.), *The art of solution focused therapy* (pp.21-43). N.Y.: Springer.

Minuchin, S. (1974). *Families & family therapy*. Cambridge, MA: Harvard University Press.

Monk, G., Winslade, J., & Sinclair, S. (2008). *New horizons in multicultural counseling*. Thousand Oaks, CA: Sage.

Moorey, S. (2007). Cognitive therapy. In W. Dryden (Ed.), *Dryden's handbook of individual therapy* (5th ed) (pp.297-326). London: Sage.

Moritsugu, J., Vera. E., Womg, F. Y., & Duffy, K. G., (2016). *Community psychology* (5th ed.). New York: Routledge.

Nelson-Jones , R. (2005). *Introduction to counseling skills: texts & activities* (2nd ed.). London: Sage.

Newman, B. S. & P. G. Muzzonigro (1993). The effects of traditional family values on the coming out process of gay male adolescents. *Adolescence, 28*(109), 213-226.

Nichols, M. P. (1992). *The power of family therapy*. Lake Worth, FL: Gardner.

Nichols, M. P. (2010). *Family therapy: Concepts and methods* (9th ed.). Boston, MA: Allyn & Bacon.

Norcross, J. C., & Goldfried, M. R. (2005). The future of psychotherapy integration: A roundtable. *Journal of Psychotherapy Integration, 15(*4), 392-471.

Nystul, M. S. (2006). *Introduction to counseling: An art and science perspective* (3rd ed). Boston, MA: Pearson.

O'Connell, B. (2007). Solution-focused therapy. In W. Dryden (Ed.), *Dryden's handbook of individual therapy* (5th ed) (pp.379-400). London: Sage.

Okun, B. F., & Suyemoto, K. L. (2013). *Conceptualization and treatment planning for effective helping*. Belmont, CA: Brooks/Cole.

Payne, M. (2000). *Narrative therapy: An introduction for counselors*. London: Sage.

Payne, M. (2007). Narrative therapy. In Dryden, W. (Ed.), *Dryden's handbook of individual therapy* (5th ed) (pp.401-423). London: Sage.

Pedersen, P. (1988). *A handbook for developing multicultural awareness*. Alexandria, VA: American Association for Counseling & Development.

Pipes, R. B., & Davenport, D. S. (1990). *Introduction to psychotherapy: Common clinical wisdom*. Englewood Cliffs, N. Y. : John Wiley & Sons.

Radina, M. E. (2007). Mexican American siblings caring for aging parents: Processes of caregivers selection/ designation. *Journal of Comparative Family Studies, 38*(1), 143-168.

Richards, D. (2007). Behavioral therapy. In W. Dryden (Ed.), *Dryden's handbook of individual therapy* (5th ed.) (pp.327-351). London: Sage.

Ridley, C. R. (2005). *Overcoming unintentional racism in counseling & therapy: A practitioner's guide to intentional intervention* (2 nd ed.). Thousand Oaks, CA: Sage.

Seligman, L. (2006). *Theories of counseling and psychotherapy: Systems, strategies, and skills* (2nd ed). Upper Saddle River, NJ: Pearson Prentice Hall.

Sharry, J. (2004). *Counseling children, adolescents and families*. Thousand Oaks, CA: Sage.

Staton, A. R., Benson, A. J., Briggs, M. K., Cowan, E., Echterling, L. G., Evans, W. F., et al., (2007). *Becoming a community counselor: Personal & professional explorations*. Boston, IL: Lahaska Press.

Sweeney, T. J. (1989). *Adlerian counseling: A practical approach for a new decade* (3 rd ed.). Muncie, IN: Accelerated Development.

Van Der Pas, S., Van Tilburg, T., & Knipscheer, K. C. P. M. (2005). Measuring older adults filial responsibility expectations: Exploring the application of a vignette technique and an item scale. *Educational & Psychological Measurement, 65*(6), 1026-1045.

Vasquez, M. J. T. (2010). Ethics in multicultural counseling practice. In Ponterotto, J. G., Casas, J. M., Suzuki, L. A., & Alexander, C. M. (Eds.), *Handbook of multicultural counseling* (3rd ed.) (pp.127-145). Thousand Oaks, CA: Sage.

Walton, F. X., & Powers, R. L. (1974). *Winning children over: A manual for teachers, counselors, principals & parents*. Chicago, IN: Practical Psychology Associates.

Welch, I. D., & Gonzalez, D. M. (1999). *The process of counseling & psychotherapy: Matters of skill*. CA, Pacific Grove: Brooks/Cole.

Westbrook, D., Kennerley, H., & Kirk, J. (2008). *An introduction to cognitive behavior*

*therapy: Skills and applications*. London, UK: Sage.
Wilkins, P. (1999). *Psychodrama*. London: Sage.
Williams, C. B. (2005). Counseling African American women: Multiple identities——multiple constraints. *Journal of Counseling & Development, 83*(3), 278-283.
Wilson, G. T. (1995). Behavior therapy. In R. Corsini & D. Wedding (Eds.), *Current psychotherapies* (5th ed) (pp.197-228). Itasca, IL: F. E. Peacock.
Winter, P. (1994). A personal experience of supervision. *British Journal of Guidance & Counseling, 22*(3), 353-356.
Zimmerman, T. S., Jacobsen, R. B., MacIntyre, M. & Watson, C. (1996). Solution-focused parenting groups: An empirical study. *Journal of Systemic Therapies, 17*(44), 12-25.
Zubernis, L. & Snyder, M. (2016). *Case conceptualization and effective interventions*. Thousand Oaks, CA: Sage.

## 圖解諮商理論與技術　1BZU

**作　　者**：邱珍琬
**出版日期**：2023/05/01
**定　　價**：400 元
**I S B N**：9786263438675

**內容簡介**

諮商理論與技術是諮商師訓練的入門，主要是介紹諮商基本的理論流派以及諮商師必須知道的倫理議題，對於助人專業者的基本功是重要地基。

本書介紹諮商師的準備、諮商理論的幾個不同取向（動力取向、體驗與關係取向、行為取向、認知行為取向、後現代取向、與生態脈絡取向）、以及基本諮商技巧。適合諮商、社會工作等相關助人科系學生閱讀。

## 圖解助人歷程與技巧　1B0B

**作　　者**：邱珍琬
**出版日期**：2024/09/01
**定　　價**：380 元
**I S B N**：9786263935464

**內容簡介**

助人歷程很細節，不是技術的問題，而是用心、傾聽與真誠陪伴的同時，還能客製化打造正向氛圍與運用適當理論取向，才能達成助人欲達的結果。本書將助人歷程與技術，以及過程中需要考量的議題，做簡單扼要的介紹，從建立工作關係、評估或定義問題、確定與設立目標、讓當事人了解自己的故事並獲得新認識、選擇與開啟介入方式，到結束及追蹤做系統呈現，除文字說明外，加上容易理解的圖表佐證，希望讀者可以輕鬆閱讀、了解精義。

## 圖解情緒教育與管理　1B0D

**作　　者**：邱珍琬
**出版日期**：2024/05/07
**定　　價**：350 元
**ISBN**：9786263438682

**內容簡介**

本書是從實務觀點出發、輔以簡單容易了解的圖表，希望讀者可以很容易入手、也方便操作。本書介紹一般情緒教育的內涵與進行方式，將情緒功能與教育（接受、命名、表達及管理）做言簡意賅地闡述，也敘及家長應如何進行情緒教育，促使孩子的健康發展，此外還針對失落情緒及情緒疾患做簡單介紹。

## 圖解兒童及青少年輔導與諮商　1B0J

**作　　者**：邱珍琬
**出版日期**：2023/09/01
**定　　價**：380 元
**ISBN**：9786263438101

**內容簡介**

本書是從實務觀點出發、輔以簡單容易了解的圖表，希望讀者可以很容易入手，也方便操作。本書介紹輔導教師與諮商師在面對所服務的兒童與青少年時應注意的發展任務與要點，同時也了解對這些族群較易入手的諮商理論與作法，希望能夠協助專業助人者更發揮效能，協助數位時代的兒童與青少年生活更適意。

## 圖解個別諮商　1B0M

**作　　者**：邱珍琬
**出版日期**：2024/09/01
**定　　價**：380 元
**I S B N**：9786263935457

**內容簡介**

個別諮商是培育諮商師很重要的一門整合課程，本書從一對一的個別諮商所需的知識入手，從諮商架構、初次晤談、不同學派的個案概念化及處遇、諮商歷程與重要事項等面向著手，同時輔以圖表說明，期待能夠成為新手諮商師重要的參考書。

## 圖解諮商倫理　1B0U

**作　　者**：邱珍琬
**出版日期**：2019/12/01
**定　　價**：280 元
**I S B N**：9789577636515

**內容簡介**

諮商倫理是諮商師在執業以及臨床工作時非常重要的指導原則，諮商師要提供有品質及有效的服務、得到社會大眾以及當事人的信賴，這些都有賴於諮商師執守專業倫理的最低原則。當然原則沒有道德的上限，就如同一般社會上各行各業的職業倫理一樣，必須在法律之下同時堅守專業的規範，並提升專業度及維護其社會聲望與信賴。

## 圖解學校輔導工作　1B0W

**作　　者**：邱珍琬
**出版日期**：2020/09/01
**定　　價**：300 元
**ＩＳＢＮ**：9789865221980

**內容簡介**

輔導是教育不可或缺的一環，在科技與社會急速變遷的現在尤其重要，專輔教師也需要了解服務族群的發展特色、任務與需求，結合不同可用資源與團隊合作，方能竟其功。

本書從學校輔導工作起源開始，以一頁一圖的方式展現，言簡意賅地説明輔導組織、輔導人員角色與功能、目標與工作內涵，最後述及目前學校輔導工作的挑戰與輔導教師的自我照顧。

## 圖解家族治療　1B1N

**作　　者**：邱珍琬
**出版日期**：2020/09/01
**定　　價**：300 元
**ＩＳＢＮ**：9789865221980

**內容簡介**

家族治療是諮商師必須要了解的生態脈絡的一環，在華人社會尤其重要，年齡越小者受到家庭與環境影響越大，諮商師在了解當事人議題、尋思處置之方時，當然不可只針對個案或當事人來看、或視其為當事人個人之問題，有時從其周遭重要他人、家庭等脈絡入手，更可能抓住問題關鍵、做有效處置。本書介紹主要的家庭理論觀點，其次以家庭治療的實務做介紹，輔以若干案例説明，希望本書可以成為讀者認識家庭治療的入門書。

國家圖書館出版品預行編目資料

圖解個別諮商／邱珍琬著. -- 二版. -- 臺北市：五南圖書出版股份有限公司, 2024.09
面；　公分
ISBN 978-626-393-545-7(平裝)

1.CST: 個別諮商　2.CST: 諮商技巧

178.4　　113010060

1BOM

# 圖解個別諮商

作　　者 — 邱珍琬（149.29）
企劃主編 — 王俐文
責任編輯 — 金明芬
封面設計 — 封怡彤
出 版 者 — 五南圖書出版股份有限公司
發 行 人 — 楊榮川
總 經 理 — 楊士清
總 編 輯 — 楊秀麗
地　　址：106台北市大安區和平東路二段339號4樓
電　　話：(02)2705-5066　　傳　　真：(02)2706-6100
網　　址：https://www.wunan.com.tw
電子郵件：wunan@wunan.com.tw
劃撥帳號：01068953
戶　　名：五南圖書出版股份有限公司
法律顧問　林勝安律師
出版日期　2019年6月初版一刷（共二刷）
　　　　　2024年9月二版一刷
定　　價　新臺幣380元